CREATIVE COSPLAY

Amanda Haas

CREATIVE COSPLAY

VOM ANFANG – ÜBERS NÄHEN – BIS ZUM FERTIGEN COSPLAY-KOSTÜM

Impressum

Titel der Originalausgabe

Creative Cosplay. Selecting & Sewing Costumes Way Beyond Basic

Amanda Haas

ISBN 978-82-489-2834-8

PUBLISHER: Amy Barrett-Daffin

CREATIVE DIRECTOR: Gailen Runge

ACQUISITIONS EDITOR: Roxane Cerda

MANAGING EDITOR: Liz Aneloski

EDITOR: Beth Baumgartel

TECHNICAL EDITOR: Helen Frost

COVER/BOOK DESIGNER: April Mostek

PRODUCTION COORDINATOR: Zinnia Heinzmann

PRODUCTION EDITOR: Jennifer Warren

ILLUSTRATOR: Valyrie Gillum

PHOTO ASSISTANTS: Gregory Ligman and Kaeley Hammond

COVER PHOTOGRAPHY by Alex Brumley of Alexandra Lee Studios

COSPLAY PHOTOGRAPHY by Alex Brumley of Alexandra Lee Studios, unless otherwise noted

INSTRUCTIONAL AND SUBJECTS PHOTOGRAPHY by Estefany Gonzalez of C&T Publishing, Inc., unless otherwise noted

Deutsche Ausgabe

Produktmanagement: Jessica Cremer

Übersetzung: Verena Thiard-Laforet

Lektorat: A. Reuß

Covergestaltung: Petra Schmidt

Satz: Petra Theilfarth

Druck und Bindung: DZS Grafik, d.o.o.

1. Auflage 2024

ISBN 978-3-7358-7115 • Best.-Nr. 27115

Penguin Random House Verlagsgruppe FSC® N001967

Widmung

Für meine wunderbare Katze **SALEM**, die verlässlich meine Stoffe beschwert und mir beim Nähen Gesellschaft leistet.

Für **MOM**, **DAD**, und **OLIVIA**, die mein schräges Hobby immer unterstützt haben.

Für meinen Freund **JEREMY**, der mich darin bestärkt hat, ein Buch zu schreiben - auch wenn meine Englischnoten etwas anderes sagen.

Für meine **COSPLAY BESTIES** im ganzen Land, die mich mit ihren Cosplay-Kreationen, ihrer Herzlichkeit, den durchgequatschten Nächten und Post-Con-Dinners jeden Tag inspirieren.

Und für meine **NICHT-COSPLAY FREUNDE**, die das, was ich tue, interessant und cool genug finden, um mein Instagram-Profil zu teilen.

Danksagung

Vielen Dank an **ALEX BRUMLEY** (Alexandra Lee Studios), von der ein Großteil der Fotos in diesem Buch stammt, vor allem die herrlichen Bilder so vieler Cosplayer. Alex schafft es, einen Charakter zum Leben zu erwecken und gleichzeitig die Individualität des Cosplayers zu bewahren. Wir sind seit Jahren befreundet und ich kann ihr gar nicht genug dafür danken, dass sie meine Kunst mit ihren Fotos den Menschen näherbringt. Danke, du Foto-Magierin!

Danke auch an **BETH BAUMGARTEL UND DAS GESAMTE TEAM VON C&T PUBLISHING**. Dieses Buch wäre ohne euch nicht möglich gewesen. Danke, dass ihr an mich geglaubt habt!

INHALT

EINLEITUNG

COSPLAYER: Jedimanda
KOSTÜM: Captain Marvel aus *Captain Marvel*
PERÜCKE: von Custom Wig Company aus Echthaar

Cosplay ist ein relativ neues – immer beliebter werdendes – Hobby, für das sich viele Menschen interessieren. Es macht großen Spaß, egal wie viel handwerkliches Geschick man mitbringt. Cosplay wird schnell zur Leidenschaft und ehe man sich versieht, lässt man Kunst entstehen! Es ist eine sehr kreative Kunstform, sobald man weiß, wie die Ideensuche funktioniert, welches Material sich eignet und man ein bisschen Nähen kann.

Als Cosplayer mit dem Namen Jedimanda, bekomme ich fast täglich unzählige Fragen zu allen Aspekten des Cosplay. Ich liebe es, mein Wissen an Cosplay-Neulinge weiterzugeben und anderen dabei zu helfen, ihr erstes (oder hundertstes) Cosplay zu nähen. Dieses Buch ist für unerfahrene Cosplayer und Nähanfänger:innen gedacht. Cosplay und Nähen gehören einfach zusammen. Deshalb solltest du zum Anfertigen der Kostüme ein wenig Nähen können. Doch da du dich beim Herstellen der Cosplays intensiv mit dem Kreativprozess beschäftigst, verbessern sich deine Nähfertigkeiten bald von selbst. Ich hoffe, dieses Buch inspiriert dich und hilft dir, dein Cosplay-Abenteuer zu starten und dabei Spaß zu haben!

COSPLAYER: Jedimanda
KOSTÜM: Ahsoka Tano aus *Star Wars*

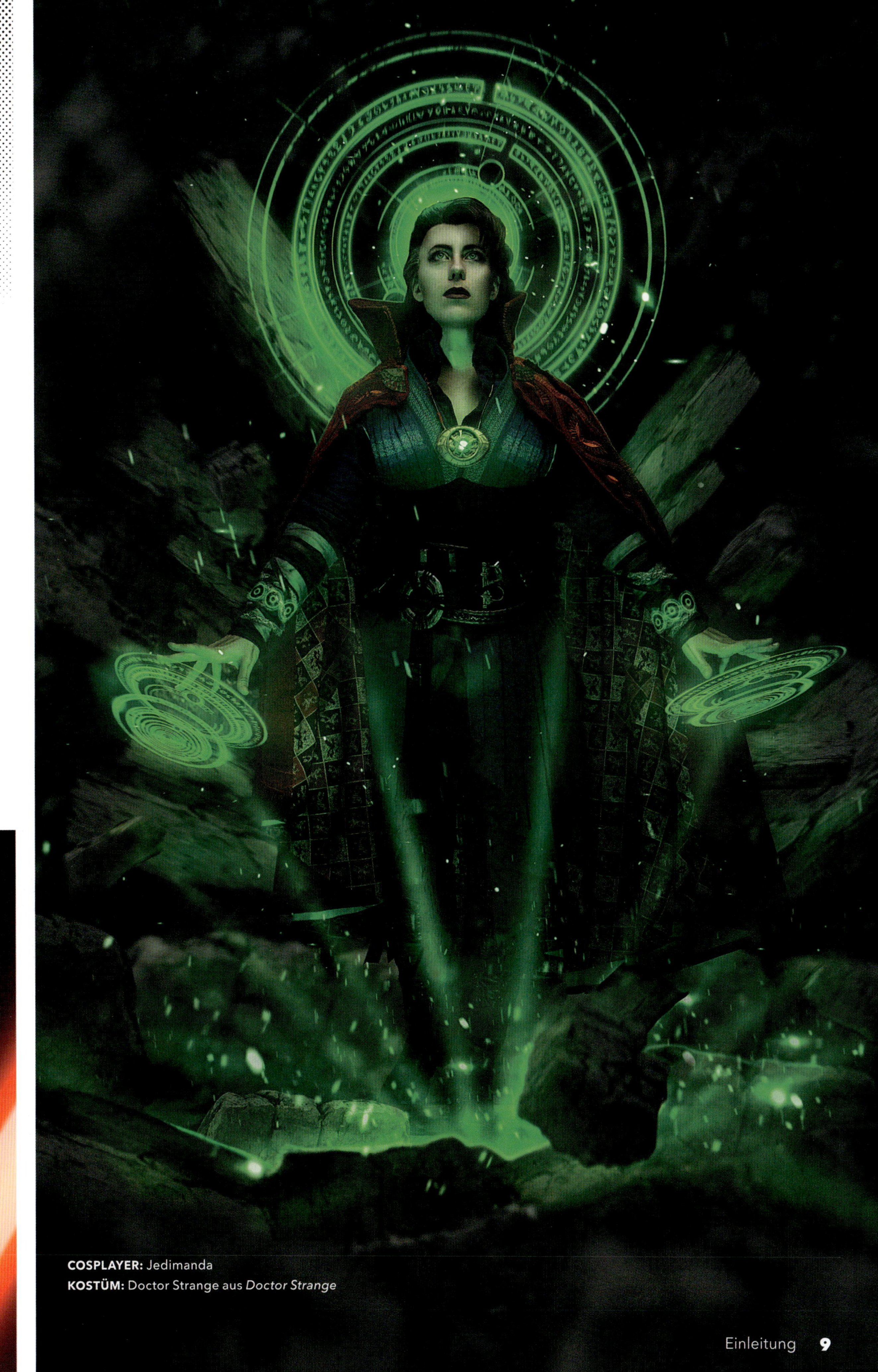

COSPLAYER: Jedimanda
KOSTÜM: Doctor Strange aus *Doctor Strange*

WAS IST COSPLAY?

Fragt man die Leute nach Cosplay, erntet man oft verständnislose Blicke. Einige verbinden es mit japanischer Pop-Kultur; andere halten es für ein Event im Halloween-Stil auf Comic-Messen. Und beides stimmt sogar irgendwie. *Cosplay* ist eine ultimative Kunstform, bei der ein Fan Kostüme und Accessoires (sowie Körperbemalung und Makeup), einfach alles, was ihm einfällt, um ein Fandom zu repräsentieren, herstellt. (Der Begriff *Fandom* beschreibt die Fangemeinde eines Popkultur-Themas, z. B. eines Films oder Videospiels.) Cosplayer erfinden sogar eigene Inhalte mit fantasievollen Wendungen – einfach toll!

Merriam-Webster definiert *Cosplay* als „das Sichverkleiden als eine Figur aus einem fiktionalen Werk (einem Comic, Videospiel oder einer TV-Serie)". Das ist eine sehr präzise Definition. Doch ich würde gerne ergänzen, dass meistens Fantasy-Charaktere, doch manchmal auch nicht-fiktionale Figuren nachgeahmt werden. Da Cosplay sich immer stärker etabliert, werden Darstellungen realer Figuren immer beliebter. Sehen wir uns nun an, wo und warum Cosplay entstand.

Die Geschichte und Psychologie hinter Cosplay

Die Menschen haben sich seit jeher für Anlässe aller Art verkleidet, etwa für die Maskenbälle im französischen Schloss Versailles (unter König Ludwig XIV) oder den Karneval von Rio de Janeiro, der im Jahr 1723 zum ersten Mal stattfand. Damals und heute wurde und wird diese Art des Verkleidens als *Kostümieren* bezeichnet. Im frühen 20. Jahrhundert begannen Autoren Fan-Welten (Fandoms) zu kreieren. Die Menschen verliebten sich in die Manga Charaktere aus Fernost sowie die Science-Fiction-Helden aus dem Westen und es entstanden erste Fandoms.

Der Begriff *Cosplay* tauchte erstmals 1984 auf. Laut einem Bericht im Online-Magazin *The Artifice* hatte der japanische Journalist Nobuyuki Takahashi an der Worldcon in Los Angeles teilgenommen. Als er das Wort *„Masquerade"* für seine japanischen Leser übersetzen sollte, fand er das Wort zu altmodisch und kreierte den Begriff *Cosplay*.

Hero Costume Operation

気分は、もうアニメヒーロー

コスチューム・プレー

Hero Costume Operation

♡クロードからラムちゃんまで、アニメ・ヒーロー、ヒロインのキャラを着こなす！コスチューム遊びはファン活動の究極。そのテクニックを徹底ルポ!!

変身

大作戦

ACT 1

燃えあがれ！ヒーロー・パワー

君もコスチューム・プレーで人気ヒーロー

COSPLAYER: Nyveda Productions
KOSTÜM: Shuri aus *Black Panther*

DIE PSYCHOLOGIE DES COSPLAY

Cosplay ist harte Arbeit, ein Mantra, das ich hier noch oft wiederholen werde. Kostüme anzufertigen ist ebenso schwer wie das Nachstellen der Charaktere. Es braucht auch Mut, kostümiert durch eine Messehalle zu laufen, aber es lohnt sich definitiv. Jedes Hobby hat seine positiven und negativen Aspekte und ich will niemanden davon abhalten, sich mit Cosplay zu beschäftigen. Doch es ist wichtig zu wissen, worauf man sich einlässt.

Jeder, der es schafft, ein Kissen zu nähen und in eine Kamera zu lächeln, kann Cosplay betreiben. Es kann ein echtes Hobby sein. Doch Übung macht den Meister und jeder fängt einmal klein an. Aufgrund meiner Collegeausbildung war mein Einstieg ein anderer, aber auch ich bin immer noch dabei zu Lernen. Wer in die Welt des Cosplay eintaucht, muss wissen, dass das nur der erste Schritt in ein lebenslanges Abenteuer ist.

Darth Maul aus *Star Wars*

Kitana aus *Mortal Kombat 3*

Anmerkung: My First Cosplays

Meine ersten Cosplays waren Darth Maul aus Star Wars *und Kitana von* Mortal Kombat 3. *Bei diesen Kostümen war ich blutige Anfängerin. Ich arbeitete zum ersten Mal mit Körperfarben und Stretchstoff. Das Anfertigen dieser Kostüme war schwierig, da ich nicht wusste, wie man näht oder Körperfarben verwendet. Ich las viele Internet-Blogs, die mir weiterhalfen. Dennoch, ich habe das Nähen dieser Kostüme genossen und beide Outfits werden immer einen besonderen Platz in meinem Herzen haben.*

Eskapismus

Cosplay ist eine gute Form des Eskapismus. Ein Hobby, mit dem man dem Alltag entfliehen kann, und sei es nur für ein Wochenende, kann zu seelischem Wohlbefinden beitragen. Man kann sich in sein Bastelzimmer verziehen. Man kann den Meldungen des Tages entkommen. Man kann sogar während des Arbeitstages von der bevorstehenden Convention tagträumen. Ich würde nicht sagen, dass Cosplay uns einen Sinn gibt, doch es hilft Menschen durch harte Zeiten, sowohl psychisch als auch physisch.

Manchmal kann das Gefühl, dem Alltag entfliehen zu wollen, Überhand nehmen. In einem Jahr fertigte ich vierzehn verschiedene Cosplays an. Es war intensiv und letztlich zu viel Realitätsflucht für mich. Ich hatte das Gefühl, die ganze Arbeit würde sich nicht lohnen. Neben einem Vollzeitjob jeden Monat Cosplays anzufertigen, brachte mein Sozialleben zum Erliegen. Ich fertigte Kostüme an, nur um bei irgendeiner Convention für einen Abend Teil einer Gruppe zu sein. Es machte mir keinen Spaß mehr. Ich brauchte eine Pause. Der Eskapismus begann, mein Leben zu bestimmen und ich musste zurück in die Realität finden (was schwer war). Während dieser Pause wurde mir klar, dass ich mich, anstatt nur auf Kostüme für Social-Media-Likes oder ein Foto, auf gut durchdachte Figuren und originelle Designs konzentrieren wollte. Mit diesem neuen Ziel vor Augen, kehrte die Freude am Cosplay zurück. Ich fand mich als Künstlerin wieder. Achte also darauf, der Realität nicht zu oft zu entfliehen - Cosplay ist da flexibel!

Anmerkung

In diesem Buch verwende ich oft den Begriff „Build". Er wird von der Cosplay-/Crafting-Community für ein Projekt in Bearbeitung verwendet und umfasst Näharbeiten, das Basteln von Requisiten, Spezialeffekt-Makeup usw. Die Leute sprechen auf Social Media und in Foren von ihren Builds.

Der Umgang mit sozialen Medien

Heutzutage kann man nicht über die Psychologie des Cosplay sprechen, ohne Social Media zu erwähnen. Die meisten sind auf Facebook, Instagram, X, Snapchat und/oder TikTok aktiv. Es gibt für jeden das passende Social-Media-Format. Cosplayer präsentieren ihre Werke gerne. Also ist es unser natürlicher Instinkt (neben dem Auftritt bei Conventions) unsere Werke in den sozialen Medien zu posten.

Poste und teile deine Arbeit! Cosplayer lieben es, Builds zu verfolgen und Fotos des fertigen Kostüms zu sehen. Es inspiriert und motiviert uns. Aber vergleiche dich nicht mit anderen Cosplayern. Jeder beginnt sein Schaffen an einem anderen Punkt seines Lebens. Halte dich nicht mit Vergleichen auf, denn das kann sich sowohl auf neue als auch erfahrene Cosplayer negativ auswirken.

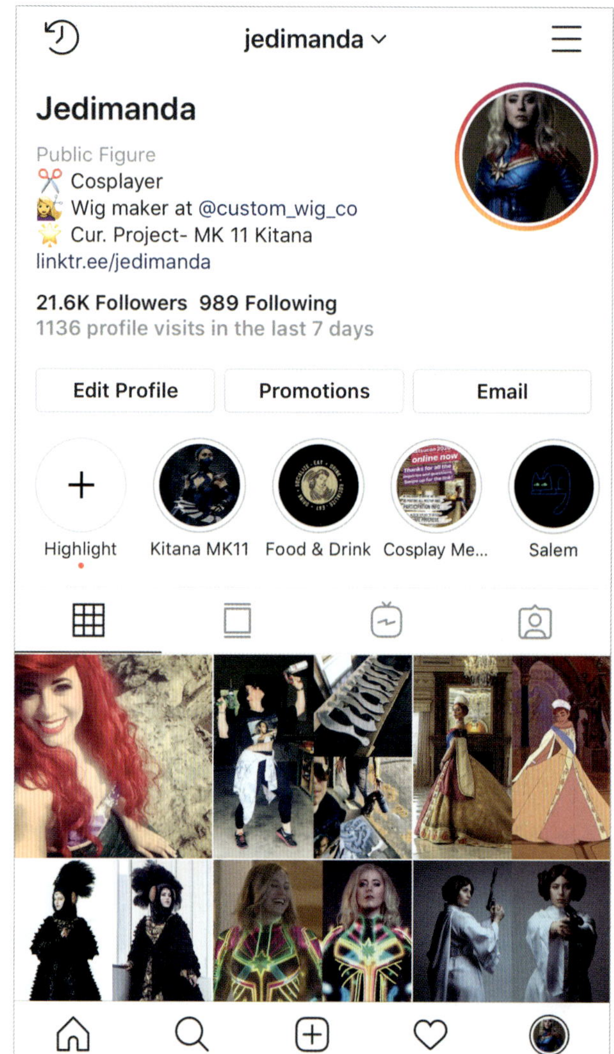

In den sozialen Medien kann man toll mit anderen Cosplayern chatten. Alle wünschen sich gegenseitig Erfolg mit ihren Builds und Designs und wir helfen einander gerne bei der Recherche und diskutieren über neue Ideen. Ich habe viele meiner Cosplay-Freunde zuerst online kennengelernt und erst später auf einer Convention getroffen. Mit einigen Cosplayern bin ich eng befreundet und in der Cosplay-Community lerne ich jeden Tag neue Leute kennen. Ins Gespräch mit anderen Cosplayern kommt man sehr gut über die Cosplay-Gruppen von Fandoms auf Facebook, von denen es unglaublich viele gibt.

VON LINKS NACH RECHTS: April Gloria, Malicious K Cosplay, Alexandra Lee Studios, ich, Casey Renee Cosplay

VON LINKS NACH RECHTS: AngiViper, ich, LunarLyn

ONLINE COSPLAY-GRUPPEN

Das sind einige meiner liebsten Facebook Cosplay-Gruppen:

- SheProp! Community (ein Forum für Frauen und LGBTQIA+-Schaffende aller Levels)
- Kamui Cosplay Community (tolle Gruppe für Schaumstoffarbeiten, Rüstungen und Fans von Kamui Cosplay)
- Cosplay Marketing (eine Marketing-Informations-Gruppe zur Verbesserung des Marketing-Auftritts)
- CosLadies Community (ein auf Frauen ausgerichtetes Cosplay-Forum; toll zum Arbeitsaustausch)

Man darf nicht vergessen, dass wir uns durch das Posten unserer Arbeit sowohl positivem als auch negativem Feedback fremder Personen im Internet aussetzen. Doch wir können Negatives herausfiltern und unsere Feeds positiv füllen. Es ist nicht schön, im Internet einen negativen, kränkenden und beschämenden Kommentar zu lesen. Ich kenne keinen Cosplayer, der das auf Social Media nicht schon erlebt hat. Es ist traurig, aber es kommt vor. Wenn du betroffen bist, sperr den Absender. Diese Option bieten alle sozialen Medien – nutzte sie!

„Ich vermute, eine moderne „Cosplay-Karriere" ist ohne Social Media fast unmöglich. Mein Leben hat sich durch Social Media definitiv positiv verändert. Aber man sollte es nicht übertreiben. Soziale Medien können uns schaden, wenn wir sie zu oft nutzen. Ständiges Feedback (ob gut oder schlecht) kann einen überfordern. Man verinnerlicht negative Kommentare leicht und vergleicht sich mit anderen. Immer wieder eine Pause einzulegen und die sozialen Medien weniger zu nutzen, hat mich glücklicher und dankbarer gemacht!" – Grace Herbert (Zonbi Costuming), Cosplay-Profi

Grace"Zonbi" Herbert als Einsame Umherziehende aus *Fallout 4*

Cosplay als Beruf

Obwohl Cosplay für die meisten ein Hobby ist, übt ein kleiner Prozentsatz Cosplay als Beruf aus und kann von diesem schrägen, aber herrlichen Hobby leben. Einige sind sowohl Cosplay-Darsteller als auch -Schaffende. Andere, die im Nähen erfahren sind, haben Shops gegründet und fertigen Modelle auf Bestellung an. Einige arbeiten sogar in der Filmindustrie, wo sie Requisiten herstellen, Spezialeffekt-Makeups oder Kostümarbeiten übernehmen. Es ist schön, wenn Leute mit etwas, das sie gerne machen, beruflich Erfolg haben, nur weil sie begonnen haben, zuhause Kostüme zu schneidern. Es ist möglich, wenn man es will, erfordert jedoch viel Einsatz!

Foto-Shooting für ein Sunday Riley-Produkt

Cover der Zeitschrift *Cohaku*

Cover aus *Cosplay Culture*, Ausgabe Dezember 2018/Januar 2019

Casey Renee Cosplays preisgekröntes Kostüm bei der TwitchCon 2018, Kategorie: Best in Show

Cowbutt Crunchies preisgekröntes Cosplay bei den Crown Championships of Cosplay auf der C2E2 2019, Kategorie: First in the World

Cosplay als Kunstform

Da Menschen viel Zeit, Geld und Energie in Cosplay investieren, ist daraus eine richtige Kunstform geworden. Es gibt auf der ganzen Welt viele äußerst geschickte Personen, die wunderschöne Kunstwerke erschaffen. Egal, ob es sich um ein Design aus einem Fandom oder eine Eigenkreation handelt: das Ergebnis ist oft museumsreif. Einige meiner Kreationen wurden in Kunstgalerien ausgestellt, viele Freunde haben weltweit renommierte Cosplays angefertigt oder mit ihren Kreationen internationale Wettbewerbe gewonnen.

Die Möglichkeiten des Cosplay sind unendlich. Setz dir keine Grenzen und sei stets offen, dazuzulernen. Aber jetzt wollen wir uns ansehen, wie man sein erstes Kostüm in Angriff nimmt!

AUSWAHL DEINES COSPLAY KOSTÜMS

Zu Halloween, einem vielseits beliebten Vergnügungstag, kaufen die meisten ihr Kostüm in einem Partyshop oder kombinieren fertige Utensilien zu einem Kostüm, das einen Lieblingscharakter nachahmt. Beim Cosplay, das ganzjährig betrieben wird, stellt man das Kostüm oder zumindest Teile davon selbst her.

COSPLAYER: Ginoza Costuming
KOSTÜM: Blutelf-Priester
aus *World of Warcraft*

Nachdem man sich entschieden hat, in die Cosplay-Welt einzutauchen, ist das Einkaufen im Partyshop passé. Doch wo beginnt man?

MENTALE VORBEREITUNG. Nicht nur im Oktober ein Kostüm zu tragen, kann gewöhnungsbedürftig sein. Die Leute gucken, fragen, was man macht und haben meistens keine Ahnung, was Cosplay ist. Mal erklärt man es gerne, doch manchmal sagt man einfach am besten: „Ich besuche eine Comic- oder Videospiel-Messe." Wenn dir der Gedanke, angesprochen, angestarrt oder fotografiert zu werden, noch nicht behagt, empfehle ich den Besuch einer Convention, bevor du mit dem Cosplay beginnst.

VON LINKS NACH RECHTS:
Jackie Craft, ich, Mogchelle, BubblesGal0re

ANDEREN COSPLAYERN ZUSEHEN. Beobachte (nicht verstohlen!) wie sie mit verschiedenen Menschen interagieren. Cosplayer ziehen mit ihren Kostümen die Aufmerksamkeit auf sich und das ist toll! Auf einer Convention habe ich manchmal mehrere Aufgaben. Ich verkörpere meine Cosplay-Figur und verhalte mich wie sie, damit ich für kleinere Kinder „die Magie bewahre", vor allem bei Disney-Charakteren. Dann posiere ich längere Zeit vor den vielen Kameras. Oft gebe ich lokalen Nachrichtensendern oder großen Unternehmen, wie den Social-Media-Teams von Marvel und Star Wars, Interviews. Diese Momente sind für mich einfach großartig. Es ist aber auch ok, diese Angebote auszuschlagen. Niemand zwingt dich zu einem Interview oder Foto. Du kannst „Nein" sagen, dem Anfragenden danken und weitergehen. Im Kapitel „Convention Time" (Seite 101) werfen wir einen genaueren Blick darauf, was einen Cosplayer üblicherweise an einem Conventiontag erwartet.

RECHERCHE. Wenn du weißt, was du für die Anfertigung deines Kostüms brauchst, bist du nicht so schnell überfordert. Nimm dir Zeit zum Recherchieren! Es gibt da draußen so viele Quellen (siehe Seite 21). Setz dich mit deinem Kostüm auseinander; mit etwas Vorarbeit hast du eine realistischere Vorstellung davon, wie viel Zeit und Geld du investieren musst und wie du deine kreativen Ideen mit deinen Nähkenntnissen in Einklang bringen kannst, damit das Kostüm gelingt.

Recherche

COSPLAYER: April Gloria
KOSTÜM: Character aus *Fallout*

COSPLAYER: MirrorBright Cosplay
KOSTÜM: Thrawn aus *Star Wars*

COSPLAYER: ToughTink
KOSTÜM: Pink Diamond
aus *Steven Universe*

BEGINNE IM INTERNET

Am sinnvollsten ist es, im Internet zu beginnen. Starte mit einer Google Bildersuche, bei der du den Namen der Figur, die du darstellen möchtest, eingibst. Beim Eintippen erscheinen mehrere Suchvorschläge. Möchtest du zum Beispiel Captain Marvel darstellen, öffne den Browser und gib „Captain Marvel Kostüm" ein.

Sieh dir die Bilder an, um dich mit dem Outfit vertraut zu machen. Betrachte das Kostüm von allen Seiten. Achte auf die einzelnen Komponenten, das allgemeine Aussehen, auffällige Linien, die Farben und andere besondere Merkmale.

Erstelle auf deinem Desktop einen Ordner für dieses Kostüm und speichere dort Fotos ab. Je mehr Bilder, desto besser. Nutze ruhig auch „Behind-the-Scenes" - und Fan- oder Concept Art-Bilder. Einfach alles, was du kriegen kannst, damit du mit dem Erarbeiten einer Ganzkörperansicht beginnen kannst.

Anmerkung: Fan Art

Fan art *ist ist der Kurzbegriff für jede Art von Kunst, die von Fans zu einem bestimmten Thema kreiert wird, sowohl von offiziellen als auch inoffiziellen Künstlern, und dem Urheberrecht unterliegt. Für Fan Art gibt es große Online-Communities, z. B. auf Webseiten wie Tumblr und DeviantArt (siehe Quellen, Seite 126).*

Wenn du dort neue und aktuellere Bilder findest, frag am besten den Künstler/die Künstlerin, ob du seine/ihre Arbeit kopieren darfst. Nicht alle stimmen dem zu. Doch die meisten erlauben es, ihre Arbeit als Anregung zu nutzen und einige lassen dich vielleicht auch ein Cosplay daraus machen.

DETAILS ERARBEITEN

Nachdem du jetzt gut über das Kostüm deines Charakters Bescheid weißt, musst du nach Bildern mit guter Auflösung suchen, um bestimmte Details festzumachen. Das ist für die Authentizität des Kostüms sehr wichtig. Bilder mit hoher Auflösung helfen dir, kleine und interessante Details zu finden, damit du den Aufbau des Kostüms planen kannst. Auf einem Foto in guter Qualität kann man vielleicht sehen, ob es sich um einen Ganzkörperanzug oder separate Teile handelt. Du kannst winzige Details wie Nähte, Stickereien, Farbverläufe, Verschlüsse und den Verwitterungsgrad der Rüstung erkennen.

Bilder mit hoher Auflösung findest du, indem du die Suchfilter-Option am oberen Bildschirmrand auswählst. Dort wird ein Untermenü angezeigt. In diesem Menü wählst du *Größe* und dann *Groß* aus.

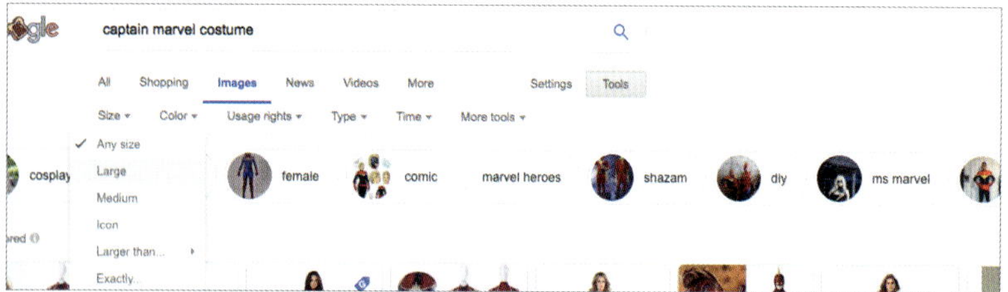

Um festzustellen, wie groß ein Bild tatsächlich ist, klickst du auf das Bild und öffnest eine Vorschau. Die Größe erscheint am unteren Bildrand. Sie bezieht sich auf die Pixel im Bild: Je mehr Pixel, desto höher die Qualität und desto größer das Bild. Das ist besonders dann hilfreich, wenn du das Foto vergrößern möchtest, um Details zu erkennen und mehr darüber zu erfahren, wie das Kostüm hergestellt wird.

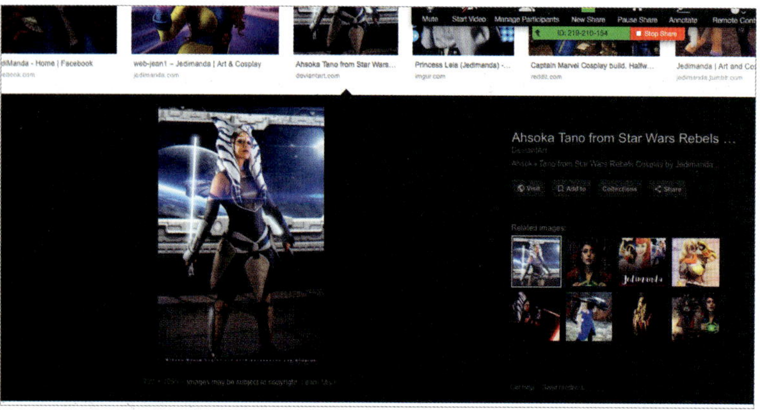

FARBECHTHEIT BEI ONLINE-BILDERN

Leider sind die Farben im Internet nicht einheitlich. Viele Bilder können bearbeitet sein und eine komplett andere Kostümfarbe zeigen – angepasst an die Jahreszeit, eine Publikation oder den persönlichen Geschmack. Jedes Bild, das du online findest, kann eine falsche Farbe haben. Zusätzlich können Helligkeits-, Kontrast- und Farbunterschiede auf verschiedenen Computern und mobilen Geräten ein Thema sein. Prüfe während des Projekts immer wieder die Originalquelle, um ihr Farbschema zu bestätigen und beizubehalten. Ich weiß aus Erfahrung, dass z. B. die Zeitschrift *Entertainment Weekly* sich bei den Farben auf ihrem Cover gewisse Freiheiten nimmt!

SCREENSHOTS: ERWEITERTE SUCHE

Da du dich jetzt mit Google auskennst, erweitern wir unsere Recherche. Bevor wir bei der Suche nach weiteren Bildern über verschiedene Internetseiten sprechen, schnappen wir uns ganz altmodisch eine Kamera und ein Stativ. Schalte den Film, das Videospiel oder die Fernsehsendung mit deiner Figur ein und fotografiere sie vom Bildschirm ab. Pause, Foto, Pause, Foto, Pause ... und so weiter! Das nennt man *Screenshotten* und diese Fotos zählen zu deinen besten Rechercheoptionen. Meistens wird die Kleidung der Figur auf dem Bildschirm wirkungsvoll präsentiert und du kannst die echten Farben erkennen. Auf den Screenshots sieht man deine Figur (hoffentlich) aus mehreren Blickwinkeln. Mache ruhig jede Menge Fotos, aber immer in hoher Auflösung. So kannst du in das Bild hineinzoomen und all die kleinen Details ausfindig machen, die dich interessieren. Mit Photoshop oder einem einfachen Bildbetrachter lässt sich das Bild vergrößern und verkleinern, um sich Details aus der Nähe und aus der Ferne anzusehen. Das hilft vor allem bei der Planung der Kostümdetails.

PINTEREST: EIN VIRTUELLES MOOD BOARD

Pinterest ist ein soziales Netzwerk mit einem sich fortlaufend erneuernden Bilderangebot. Man kann den Accounts anderer Nutzer folgen und sieht im News-Feed, wie auch bei anderen sozialen Medien, wenn ein Account, dem man folgt, einen neuen Pin erstellt. Speicherst du etwas in deinem Account, stellt Pinterest Beiträge in deinen News-Feed, die zu den von dir recherchierten Inhalten passen. Das ist einer der Hauptgründe, warum ich dieses Format liebe. Ein anderer ist, die Möglichkeit, selbst Pinnwände zu erstellen.

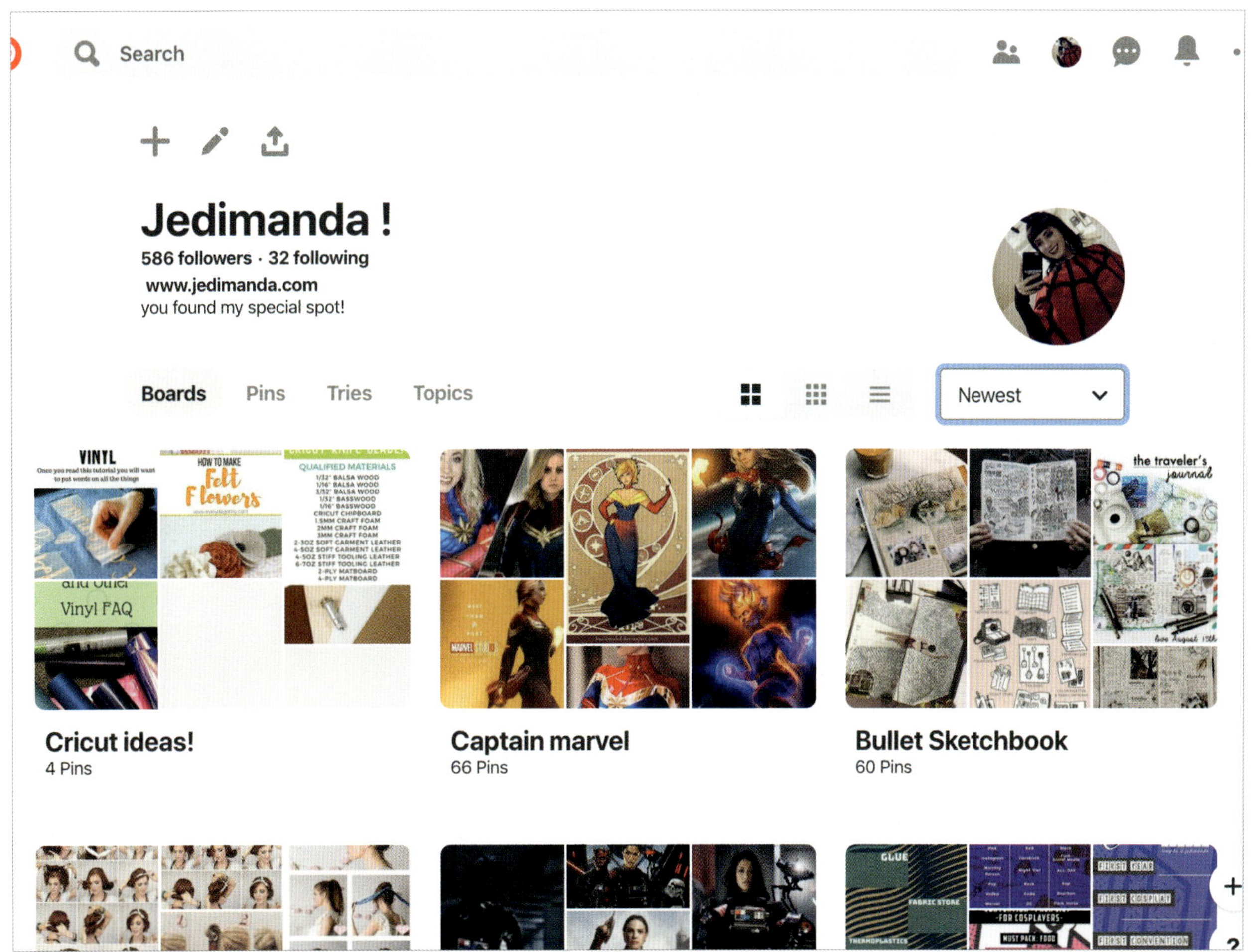

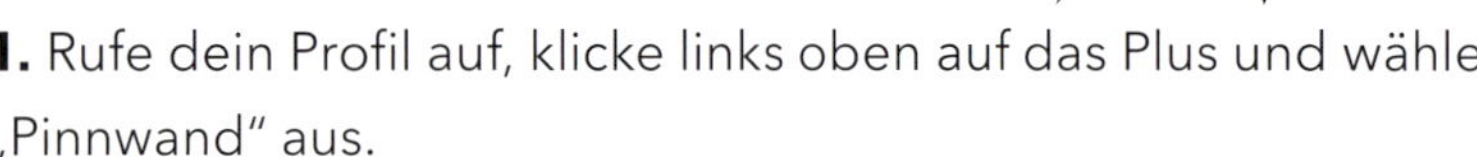

Eine Pinnwand erstellen

1. Rufe dein Profil auf, klicke links oben auf das Plus und wähle „Pinnwand" aus.

2. Gib einen Namen für deine Pinnwand ein und wählen deine Sichtbarkeitseinstellungen aus. Du kannst die Pinnwand öffentlich lassen, sodass jeder deine Pins sehen kann, oder sie verborgen halten, also privat. Das bedeutet, dass niemand dir folgen kann und niemand diese Pinnwand sehen kann, wenn er sie sucht. Eine ideale Option für die supergeheimen Cosplays, an denen du für deine nächste Convention arbeitest.

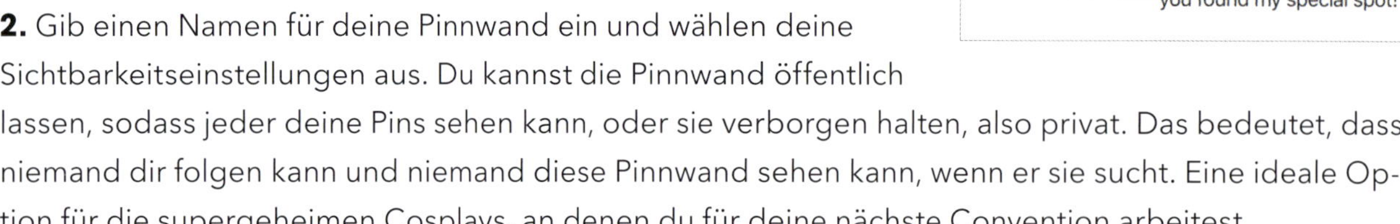

3. Jetzt geht es ans Füllen der Pinnwand! Suche auf der Webseite nach Bildern und klicke auf Speichern. Speichere die Bilder in der dazugehörigen Pinnwand (vorausgesetzt, du hast mehrere Pinnwände mit verschiedenen Themen).

4. Die Pinnwände eignen sich großartig zum Hochladen deiner Film-Screenshots. Du erinnerst dich? Jetzt klicke nicht auf *Pinnwand*, sondern auf *Pin*. In der folgenden Ansicht kann man Pins hochladen und definieren. Wähle das Foto aus, das du hochladen möchtest und füge einen Titel und eine optionale Kurzbeschreibung hinzu. Zuletzt die gewünschte Pinnwand auswählen und auf *Speichern* klicken.

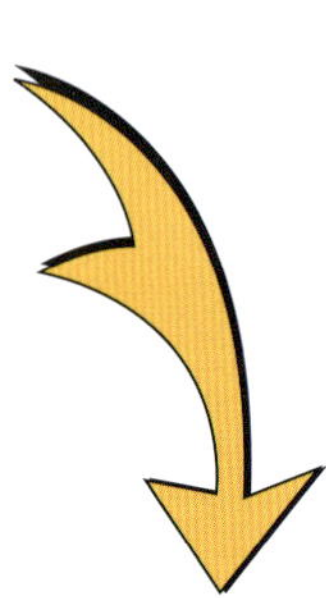

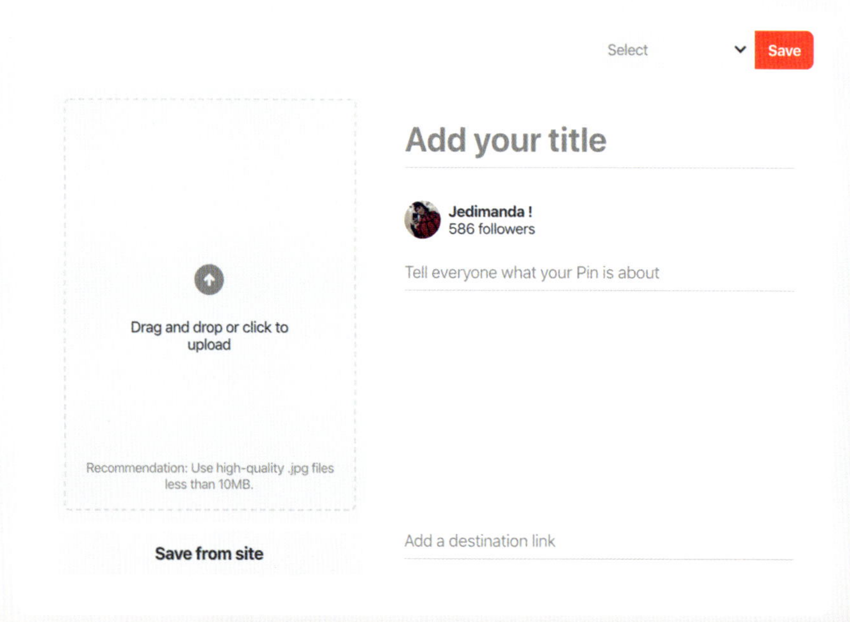

Glückwunsch – dein virtuelles Moodboard ist fertig! Jetzt kannst du nach Herzenslust Pins erstellen. Ein Vorteil von Pinterest ist, dass du mit der Pinterest-App deine Pinnwände immer zur Hand hast! Einfach Pins daheim auf dem Computer erstellen und beim Einkaufen im Bastelladen zur Inspiration auf dem Handy in deinen Pins stöbern.

INSTAGRAM

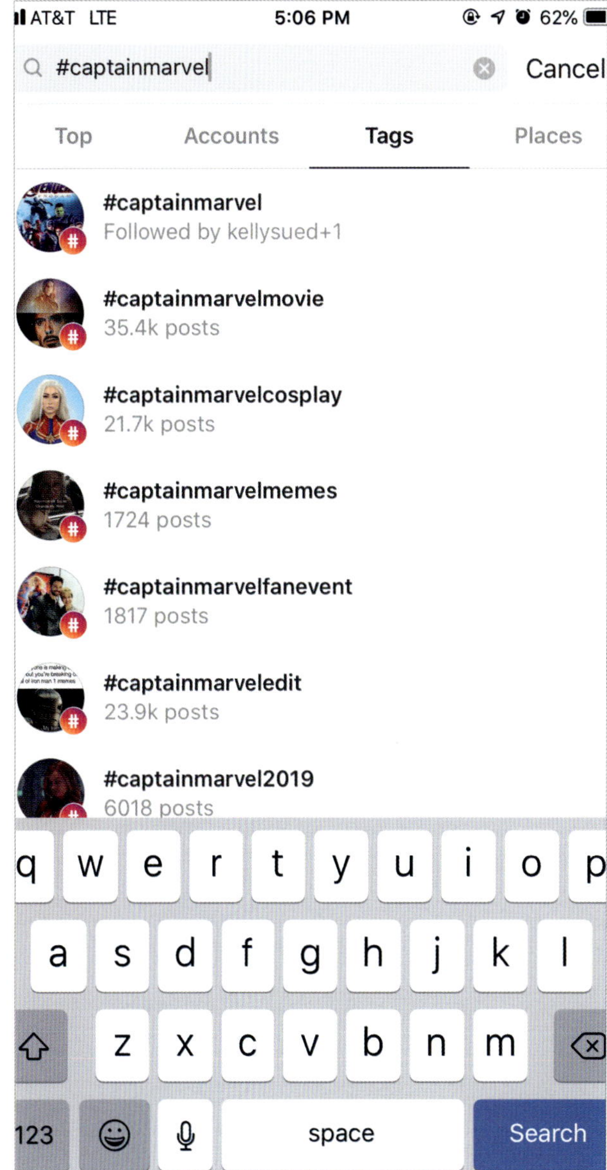

Ein ebenfalls nützliches Medium für die Recherche ist Instagram. Hier findest du weitere Cosplay-Versionen deiner Figur und kannst sehen, wie andere Cosplayer ihr Kostüm interpretiert haben. Über Instagram kann man gut andere Bastler kontaktieren und mit ihnen über die Gestaltung ihres Kostüms chatten. Hier finden mich viele Cosplayer und stellen Fragen zu Kostümen oder Gegenständen, die ich gemacht habe.

Neben dem „einander folgen", sind Hashtags sehr wichtig. Ein Hashtag ist eine Gruppe aus einem oder mehreren Wörtern, vor die das Raute-Zeichen (#) gesetzt wird. Das ist in sozialen Medien ein gängiges Suchwerkzeug. Mit Hashtags können Bilder angehängt und mühelos gesucht werden. Die meisten Social-Media-Nutzer definieren gepostete Fotos oder Videos über Hashtags, damit andere sie finden können – so wird teilen und finden ganz leicht. Nutze das zu deinem Vorteil. Entdecke, wie andere das Outfit deiner Figur gestaltet haben; sieh dir verschiedene Fotos und Bilder dazu an. Überprüfe, wie bei allen Suchmaschinen, die Farben. Und manchmal ergibt sich sogar ein seltener Fund.

Anstatt nur nach einem Hashtag mit dem Namen deiner Figur zu suchen, solltest du etwas spezifischer werden. Stelle die Wörter *Cosplay* oder *Movie* ans Ende deines Hashtags. Versuche es beispielsweise statt nur mit *CaptainMarvel*, mit *CaptainMarvelcosplay* oder *CaptainMarvelmovie*. Manchmal liefert das andere Ergebnisse, die für dein Cosplay hilfreich sein können. Sei bei deinen Hashtags kreativ und hab Spaß beim Stöbern in diesem mobilen sozialen Medium!

YOUTUBE

Die letzte und wichtigste Rechercheplattform ist YouTube.

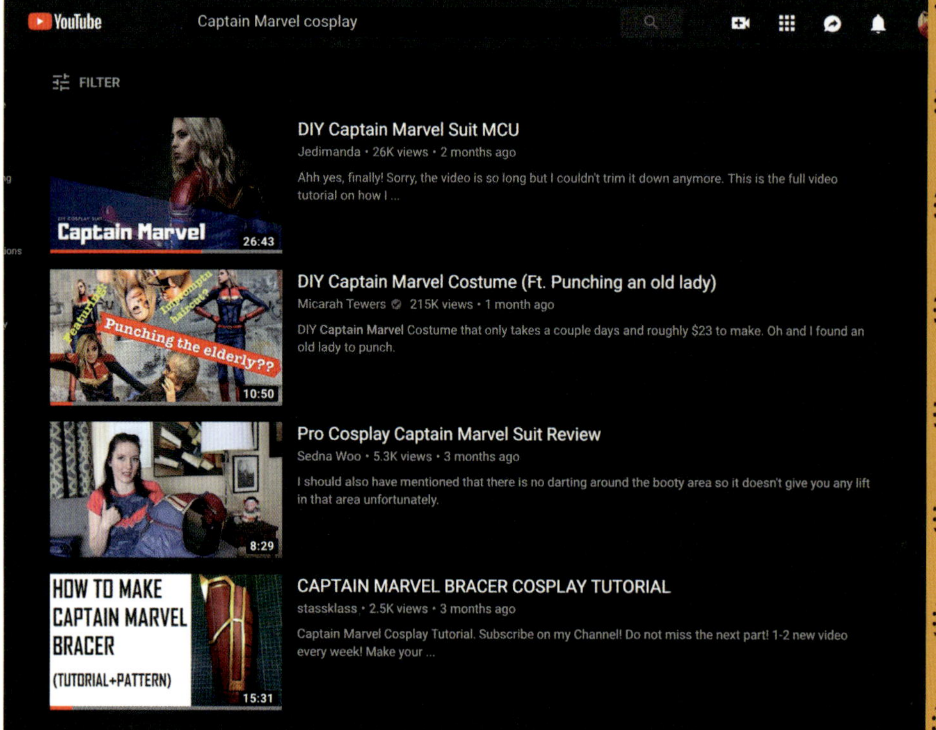

Hier sieht man nicht nur Bilder der Kostüme, sondern auch den Fertigungsprozess. Die Videos sind gelegentlich etwas lang, doch es geht hier um die Informationen. Sie dienen als Anregung und Leitfaden für das kommende Projekt und lassen ahnen, wie viel Zeit die Herstellung in Anspruch nimmt.

Viele Videomacher zeigen gerne, wie sie arbeiten und die Videos liefern oft sehr konkrete Informationen. Ich weiß das, weil ich die meisten meiner Cosplay-Builds auf YouTube poste, um den Nutzern bei ihren Projekten zu helfen. Wenn du YouTube noch nicht kennst, solltest du diese Plattform auf jeden Fall ausprobieren. Erstelle ein Profil und speichere Videos in Wiedergabelisten. Verwende bei der Kostümsuche den Begriff *Video-Tutorials*. Wenn wir beim Beispiel von Captain Marvel bleiben, suche nach *Captain Marvel Video Tutorial*.

ERWEITERTE STICHWORTSUCHE

Jetzt geht's ans Eingemachte. Hier beginnst du, dein Kostüm und die verschiedenen Teile, aus denen es besteht, zu definieren.

Bei einer Internetsuche sind vor allem die Stichwörter Crafting, DIY-Kostüm, Schnitt, Rüstung, Prop-Herstellung, Schaumstoffbearbeitung, Spezialeffekte, Perücken und Make-up hilfreich. Suche mit unserem Captain-Marvel-Beispiel nach *Captain Marvel Rüstung* oder *Captain Marvel DIY-Kostüm*, sobald du einige Bilder und Ideen gesammelt hast. Nutze diese Suchbegriffe dann auch für alle anderen Suchmaschinen und Social-Media.

Das Budget

Jetzt, da du eine Vorstellung von deinem Kostüm hast, musst du herausfinden, wie viel Zeit und Geld es für die Anfertigung braucht. Am besten erstellst du ein Budget, an das du dich auch hältst. Viele Cosplayer können folgendes bestätigen: Man verliert sich leicht in all den Materialien und hältst du dich nicht an dein Budget, bleibt am Ende vielleicht ein unfertiges Kostüm oder ein leeres Bankkonto. Autsch! Ein Budget zu erstellen ist oft mühsam und Cosplay ist teuer. Da will ich ganz ehrlich sein. Aber es ist mein liebstes Hobby, für das ich gerne Zeit und Geld aufwende. Ein Kostüm selbst machen zu wollen ist toll, aber das echte Leben hat Vorrang. Zahle deine Miete, anstatt einen weiteren Ballen Seide zu kaufen (auch wenn es verlockend ist)! Sei ehrlich zu dir selbst und deinem Vermögen.

Ballkleider, große Rüstungen und Makeup für Spezialeffekte können kostspielig sein. Ich habe über 500 USD für Kostümmaterialien ausgegeben – genauer gesagt für mein Anastasia Ballkleid. Doch das entsprach meinem Budget, da ich wusste, dass die von mir bevorzugte Seide und die Schmucksteine, die das Kleid wie einen Diamanten funkeln lassen sollten, teuer sein würden. Das war, was ich wollte, und ich habe es geschafft, ohne in einem Meer aus Schulden zu versinken.

Kaufe ruhig die teure Seide, aber experimentiere auch mit preiswerteren Materialien, um deinen Look zu erzielen. Es geht um das Herzblut, das man in sein Cosplay steckt. Niemand bewertet dich (außer bei einem Wettbewerb – mehr dazu später) oder kontrolliert deine Belege. Nur Mut, probiere Verschiedenes aus und passe dein Cosplay an dein Budget an.

KOSTEN SCHÄTZEN

Lege vor der Kostenrecherche fest, wie viel du ausgeben möchtest (und dir leisten kannst). Erstelle zuerst eine Liste aller Kostümteile. Und lass *nichts* aus. Die wichtigsten Kleidungsstücke (wie Anzug, Hose, Umhang, Top), Accessoires (Gürtel, Handschuhe, Beinschienen, Schmuck), Schuhe, Rüstung, Requisiten, Perücken und alles, was sonst noch zu deinem Kostüm gehört.

Danach liste die „Zutaten" der einzelnen Teile auf, wie für ein Rezept. Beispielsweise brauchte ich für mein Captain Marvel-Kostüm ein Schnittmuster, Stoff, Verschlüsse, Besatz und Farbe.

Dann recherchiere für jeden Artikel die ungefähren Kosten. Ich checke die Preise auf Amazon und im Internet oder in den Jo-Ann Fabric and Craft Stores. Den Großteil der Materialien kaufe ich bei Jo-Anns. Daher lohnt es sich, auf ihrer Webseite (siehe Quellen, Seite 126) nach Angeboten für die benötigten Artikel zu suchen.

Amazon bietet oft bessere Angebote bei Kurzwaren (Zipper, Nähseide, Knöpfe, Druckknöpfe, Nadeln und Stecknadeln) und ich bestelle dort, um meine Vorräte aufzufüllen. Aber ich gehe gerne direkt in den Jo-Ann-Laden, wo ich die Stoffe spüren und die Farben sehen kann.

CM-Oberteil – Material

- Schnittmuster
  - 2 USD (Angebot), Händler (25 USD)
- Stoff
  - 14,99 USD/Meter, 1 m in Blau, 1 m in Rot, 1 m in Gold
- Nähseide
  - 3,50 USD/Spule, 3 Farben
- Vlieseline
  - 7 USD/Meter, 3 m
- Farbe
  - 2 USD/Tube, 3 Farben
- Verschlüsse (Zipper & Druckknöpfe)
  - 7 USD/Zipper
  - 10 USD für verschiedene Verschlüsse
- Zierborten (Paspel)
  - 7 USD/Meter, 3 m

ZEITAUFWAND SCHÄTZEN

Dein Budget und die Kostümkosten stehen fest. Das letzte Puzzleteil ist die Schätzung des Zeitaufwands. Setz dir eine Frist – eine Convention, ein Fotoshooting oder auch Halloween. Eine Frist ist ein Ziel, das über das bloße Fertigstellen des Builds hinausgeht. Sich selbst zu pushen und nichts aufzuschieben ist beim Anfertigen eines Kostüms die halbe Miete. Glaube mir, das stimmt.

Schätze deine Nähkenntnisse und Kreativität realistisch ein. Wenn du zum ersten Mal nähst, solltest du dir vor dem Anfertigen der Kostümteile Zeit zum Üben nehmen. Es ist nicht schlimm, keine Vorkenntnisse zu haben. Wenn du alles selbst anfertigen möchtest und dies dein erster Cosplay-Build ist, suche dir ein Element zum Üben aus. Und lass Fehler zu – sie passieren! In der Regel sind Röcke am einfachsten. Wenn du sowohl einen Rock als auch ein Oberteil nähen möchtest, beginne mit dem Rock, um zu sehen, wie schnell du ihn hinbekommst.

Erstelle dir einen Zeitplan für dein Projekt. Für eines meiner Kostüme, das Senatskleid von Königin Amidala aus Star Wars: *Episode I – Die dunkle Bedrohung* , brauchte ich neun Monate. Allein am Kopfschmuck arbeitete ich vier Monate, weil ich den Aufbau einfach nicht hinbekam. Ich mühte mich ab und schob ihn auf. Es brauchte zwei Anläufe, bis ich ihn endlich fertig hatte. Und die restlichen fünf Monate arbeitete ich an Kleid, Oberteil und Rock. Aber ich schaffte es rechtzeitig zur Star Wars Celebration 2017. Es war ein schwieriges Projekt, doch wenn ich mir keine Frist gesetzt und mich darangehalten hätte, wäre das Kostüm nie fertig geworden. Also: Erstelle einen Zeitplan!

Vorsicht vor Con Crunch! Viele Cosplayer lernen ihn einen Monat vor ihrem Ziel-Event kennen. Sie haben keinen Zeitplan und der Alltag funkt dazwischen. Das ist ok. Doch ein Outfit unter Druck fertigzustellen, kann die Erfahrung völlig ruinieren und sich auf die Gesundheit auswirken. Gib Con Crunch keine Chance. Bitte notfalls Freunde um Hilfe oder kaufe ein paar Kostümteile. Cosplay soll nicht zur Belastung werden!

Selbst machen oder kaufen?

Das ist ein Thema, das viele Cosplayer beschäftigt: *Wenn ich nicht alles selbst machen möchte, ist das dann noch Cosplay*? Ich sage, ja ist es! Es ist in Ordnung Teile oder sogar das ganze Outfit zu kaufen. Ich habe verschiedene Teile für meine Builds gekauft, etwa Leggings, Perücken, Schuhe, Gürtel und sogar Unterwäsche. Der Kauf dieser Teile hilft dir beim Einhalten deines Zeitplans.

In diesem Buch geht es um die Auswahl und Herstellung eines Cosplays. Doch es gibt auch eine Cosplay-Form, die sich *Kleiderschrank-Cosplay* nennt. In diesem Fall kaufen die Cosplayer den Großteil des Outfits oder verwenden dafür vorhandene Kleidung oder Requisiten. Viele fangen so mit dem Cosplay an, um ein Gefühl für diese Welt zu bekommen. Es ist ein guter Einstieg und lässt sich sogar zum ersten Schritt im Rechercheprozess zählen.

Wenn du einige Elemente für dein Kostüm kaufen möchtest, stöbere in einem Secondhand-Laden, auf Amazon, Etsy oder eBay (siehe Quellen, Seite 126). Dort war ich schon oft erfolgreich. Es macht Spaß, für diverse Fandoms Vintage-Looks aus einzelnen Epochen zu suchen. Ich kenne Leute, die gerne Vintage-Elemente für lustige Doctor Who-Cosplays verwenden. Einige Webseiten, wie miccostumes.com und ProCosplay (siehe Quellen, Seite 126) bieten komplette Kostümsets an. Auf Etsy gibt es unzählige Künstler, die viele Stücke auf Bestellung anfertigen. Wenn du dich umhörst, findet sich sicher jemand, der dir hilft. Man kann sehr kreativ sein, auch ohne nur ein Stück selbst gemacht zu haben.

ERSTE SCHRITTE

Nähen ist eine Kunstform (manche nennen es ein Handwerk, aber ich sage Kunstform), bei der Teile mit Nadel und Faden zusammengenäht werden. Der Umfang der Näharbeiten (Stoff, Besatz und Zubehör) und welche Technik verwendet wird, obliegt dem Künstler. Nähen als Kunstform reicht von der bildenden über die textile Kunst bis hin zum Schneidern von Bekleidung.

Seit Menschen Kleidung tragen, haben sie diese zusammengenäht, zuerst von Hand und dann, mit der Erfindung der Nähmaschine im 19. Jahrhundert, maschinell. Es ist das Eine, was alle Menschen auf diesem Planeten vereint: Wir ziehen uns jeden Tag an. Kleidung ist in den meisten Gesellschaften eine Grundvoraussetzung, daher geht es nicht ohne Bekleidungshersteller; ihre Arbeit ist wichtig. Während meiner Studienzeit arbeitete ich als Schneiderin. Ich nähte Hosensäume für Arbeiter und änderte Ausschnitte für Bräute. Es machte großen Spaß! Ich liebte die frohen Gesichter der Kunden, wenn ihre Kleidung besser passte. Damals erkannte ich, dass diese Schneidertätigkeit mehr war als nur ein Job. Ich verhalf den Menschen zu einem Glücksmoment.

Hat man sich erst einmal Nähkenntnisse angeeignet, kann man wirklich alles machen. Bei jedem Kleidungsstück in einem Kaufhaus oder Online lässt sich herausfinden, wie es gemacht wird. Doch der erste Schritt sind die Grundlagen. Also los!

Nähutensilien

Nähkenntnisse sind meiner Meinung nach die Ausgangsbasis für die Kostümgestaltung und Cosplayer sollten über Grundkenntnisse im Nähen verfügen. Wenn man ein Kostüm anfertigen will, muss man neben der Rüstungsherstellung wissen, wie man es zusammenfügt. Hier kommt das Nähen ins Spiel. Ich nähe jetzt seit über zehn Jahren und denke, dass sich meine Nähkenntnisse sehen lassen können. Das ist mein Talent und ich hoffe, ich kann dir helfen, ebenfalls gut darin zu werden.

Es gibt so viele tolle Nähutensilien, die das Nähen erleichtern. Aber du musst nicht alle auf einmal kaufen. Beginne mit Nähnadeln, Garn, einer Schere, einem Lineal, einem Maßband und Stoff. Und wenn du Cosplay dann intensiver betreibst, kannst du deinen Nähkorb langsam aufstocken.

COSPLAYER: April Gloria
KOSTÜM: Elf aus *Skyrim*
Foto von Casey Greseth

NÄHEN PER HAND

HANDNÄHNADELN gibt es in verschiedenen Längen, Stärken und Nadelöhrgrößen. (Nadelöhr nennt man das kleine Loch, durch das man das Garn fädelt.)

GARN gibt es in verschiedenen Stärken, Farben und Materialien (wie Polyester, Nylon, Baumwolle und Seide). Am Anfang empfiehlt sich Baumwollgarn in einigen Grundfarben, vor allem Schwarz und Weiß. Garn kann in der Naht versteckt oder Teil des Designs sein.

Ein **FINGERHUT** ist eine kleine Metallkappe, die man über einen der Finger stülpt, um die Nadel durch den Stoff zu schieben. Ich würde dir nahelegen, dich mit diesem nützlichen Utensil anzufreunden. Meinen trage ich auf dem rechten Mittelfinger, dem Finger, mit dem ich die Nadel durch schwere oder strukturierte Stoffe schiebe. Es gibt kein richtig oder falsch beim Verwenden eines Fingerhuts, aber es ist praktisch, einen zu haben.

BIENENWACHS, NÄHWACHS ODER GARNWACHS – egal, wie es genannt wird, zum Nähen ist es einfach toll. Wachst man sein Garn vor dem Nähen, bleibt es schön gerade und verheddert sich nicht.

WIE MAN BIENENWACHS BENUTZT

Das Garn durch die Nadel fädeln und auf das Wachs legen. Das Garn mit einem Finger gegen das Wachs drücken. Mit der anderen Hand Nadel und Faden durchziehen. Man kann das Wachs auf dem Faden auch Heißfixieren, indem man ihn vor dem Nähen bügelt.

In einem **NADELKISSEN** sammelt man alle Nadeln und hält sie so vom Boden fern. Ich mag jene in Tomatenform wegen der Geschichte, die dahintersteckt. In der viktorianischen Ära war es üblich, frischgebackenen Hausbesitzern Tomaten mitzubringen.

Tomaten auf dem Kaminsims sollten böse Geister abwehren und dem Haus und seinen Besitzern Wohlstand bringen. Da Tomaten nicht immer zu bekommen waren, schenkten Gäste manchmal eine kleine rote Stoffkugel, die mit Sand oder Sägemehl gefüllt war. Mit der Zeit ergab es sich, Nadeln darin aufzubewahren. Die kleine Erdbeere, die mitgeliefert wird, ist normalerweise mit Schmirgel gefüllt und reinigt sowie schärft die Nadeln beim Hineinstechen.

Eine **KLEINE SCHERE** oder **FADENSCHERE** (meist 10 cm lang) gehört in jeden Nähkorb. Mehr Informationen zu Scheren findest du im Kapitel Schneidewerkzeuge (Seite 37). Meine Lieblingsschere ist die kleine schwarze von Gingher.

Eine **NÄHBOX** ist zum Verstauen des Zubehörs praktisch. Dafür eignet sich jede Art von Box. Eine aus stabilem Karton ist jedoch besser als eine Tasche. Doch am Anfang tut es wirklich alles. Ich benutze die Geldbörse meiner Urgroßmutter. Sie war auch Schneiderin und so habe ich das Gefühl, dass sie immer bei mir ist.

Ein Einfädler ist nicht unbedingt notwendig, aber hilfreich. Manchmal ist das Nadelöhr winzig klein und schwer zu erkennen. Zum Einfädeln steckt man die Drahtschlaufe durch das Nadelöhr, führt das Garn durch die Schlaufe und zieht den Einfädler wieder aus dem Öhr heraus. Voila! Man kann ihn auch zum Einfädeln der Nähmaschinennadel verwenden.

HANDSTICHE

Der **VORSTICH** ist der am häufigsten verwendete Stich. Hier werden in regelmäßigen Abständen kurze, gerade Stiche genäht. Je kürzer die Stichlänge, desto stabiler die Naht. Je länger die Stichlänge, desto lockerer die Naht. Sehr lange Vorstiche werden oft *Heftstiche* genannt und sollen Stoffe oder Zubehör vorübergehend verbinden.

Vorstich

Der **RÜCKSTICH** ist, wie der Vorstich, sehr beliebt. Er wird aufgrund der stabilen Naht beim Nähen am häufigsten verwendet. Zwischen den Stichen gibt es keine Lücken. Beginne mit einem Vorstich (etwa 6 mm lang). Die Nadel eine Stichlänge entfernt von unten durch den Stoff führen und dann zurück durch das Einstichloch am Ende des vorherigen Stiches. Diesen Vorgang wiederholen.

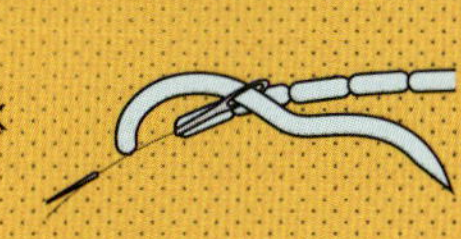

Rückstich

Die meisten Nähte sollten am Anfang und am Ende *verriegelt* oder *gesichert* werden, damit sie nicht wieder aufgehen.

ÜBERWENDLINGSSTICHE sind schnell genäht und werden gerne zum Säumen von Stoffkanten verwendet. Dabei handelt es sich um gleich große, schräge Stiche, die um die Stoffkante geschlungen werden.

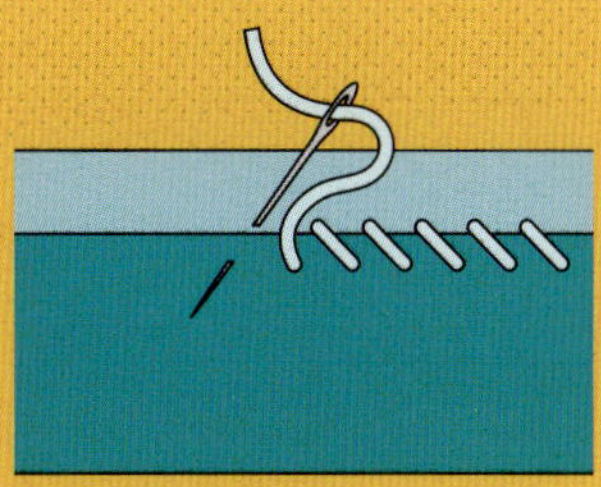

Überwendlingsstich

BLINDSTICHE bilden eine unsichtbare Naht. Sie eignen sich vor allem für leichte Stoffe. Dieser Stich wird gerne zum Säumen verwendet. Der Stoff wird dabei eingeschlagen und die Naht verschwindet in der Stofffalte.

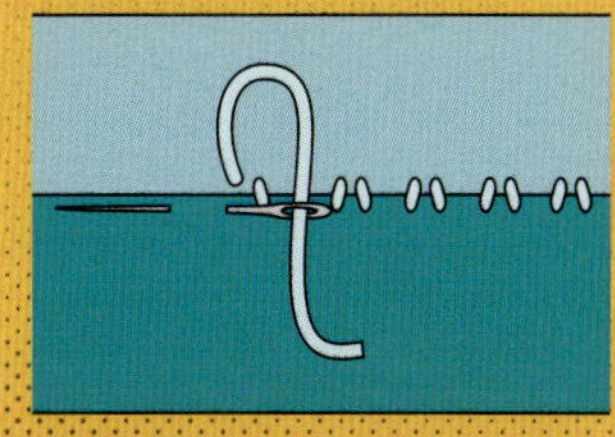

Blindstich

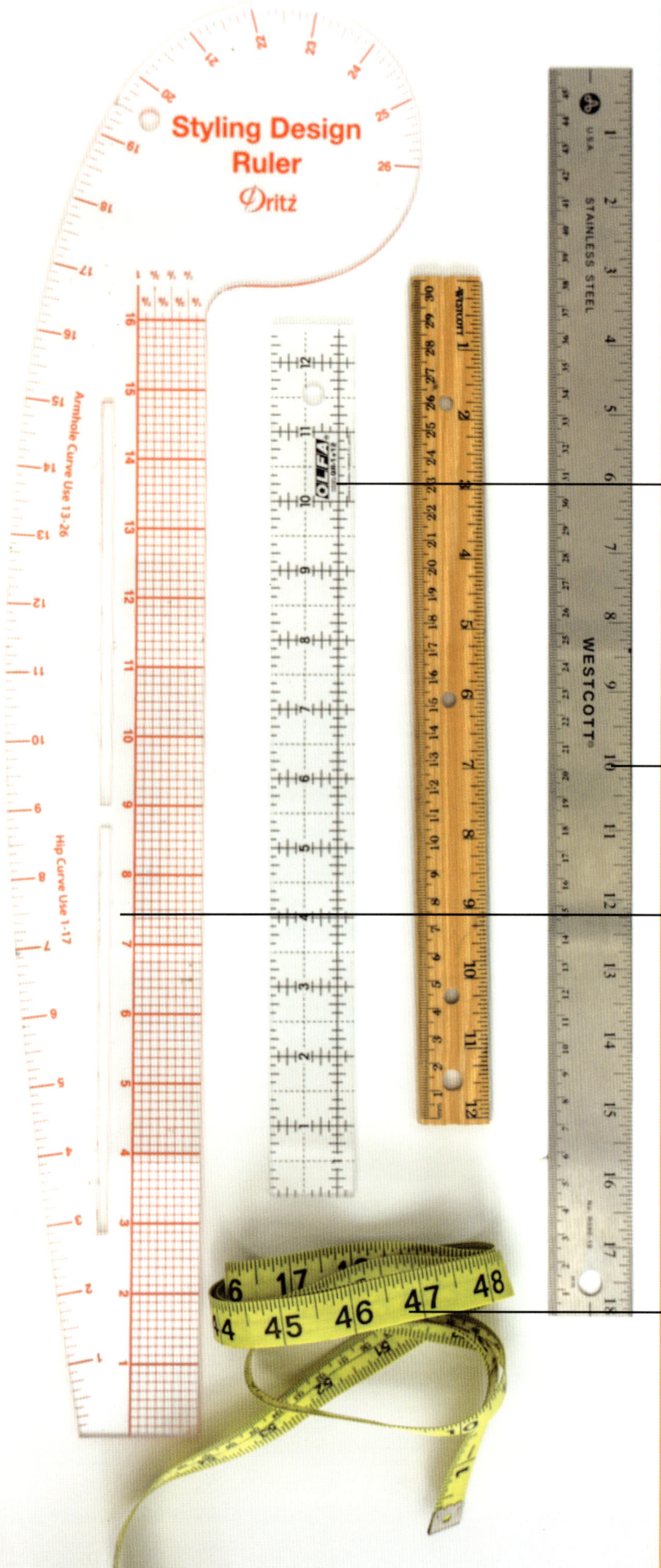

MESSWERKZEUGE

Zum Schneidern reicht das übliche 30 cm-Lineal nicht aus. Es ist ratsam, jederzeit verschiedene Messwerkzeuge zur Hand zu haben. Die meisten Lineale erfüllen mehrere Funktionen. Sie helfen beim Messen und Markieren sowie bei der Schnittmustererstellung. Einige der unten angeführten Lineale reichen dir für den Anfang:

- Mit einem transparenten 5 cm x 45 cm Plastiklineal kann man Nahtzugaben markieren und gleichzeitig den Stoff darunter sehen. Ein 2 cm x 15 cm großes Lineal ist zum Markieren von Nahtzugaben an der Stoffkante und für andere kleine Messungen praktisch.
- Ein etwas größeres und stabileres Lineal für diverse Markierungen. Es gibt sie in vielen Größen und Formen.
- Ein Kurvenlineal eignet sich eher zum Schnittzeichnen, dient aber auch zum Messen und Anzeichnen von Rundungen.
- Günstig und praktisch! Eine Schneiderelle aus Holz ist mit 1 m Länge sehr nützlich, da die meisten Schneider- oder Quiltlineale nur 45 cm oder 60 cm lang sind. Eine Schneiderelle eignet sich gut zum Messen sehr breiter Stoffbahnen.
- Ein Maßband ist zum Abmessen von Körpermaßen ein Must-Have, da es sich um den Körper legen lässt und so sehr genau gemessen werden kann. Es ist zudem auch länger als die anderen Lineale.

SCHNEIDEWERKZEUGE

Irgendwann muss man den Stoff zuschneiden und es ist nützlich, über verschiedene Schneidewerkzeuge zu verfügen. Sowohl Scheren als auch Rollschneider-Klingen sollten möglichst scharf sein. Verwende deine Stoffschere also nur zum Schneiden von Stoffen. Schneidet man damit Papier, wird sie schnell stumpf. Und das Schneiden von Stoff mit einer stumpfen Schere oder Klinge kann den Stoff beschädigen. Damit sie besser erkennbar sind, kannst du ein Stück Stoff oder ein Band um den Griff der Stoffschere und des Rollschneiders binden, um zu signalisieren: nur für Stoffe.

Es gibt für bestimmte Aufgaben verschiedene Arten von Scheren.

Zuerst solltest du eine **SCHNEIDERSCHERE** oder **STOFFSCHERE** kaufen. Sie besitzt lange Klingen und kann dadurch lange Strecken schneiden. Die Enden sind angeschrägt, damit sie sich nicht durch den Stoff bohren oder in den Fasern hängen bleiben. Diese Modelle haben bei guter Pflege eine lange Lebensdauer.

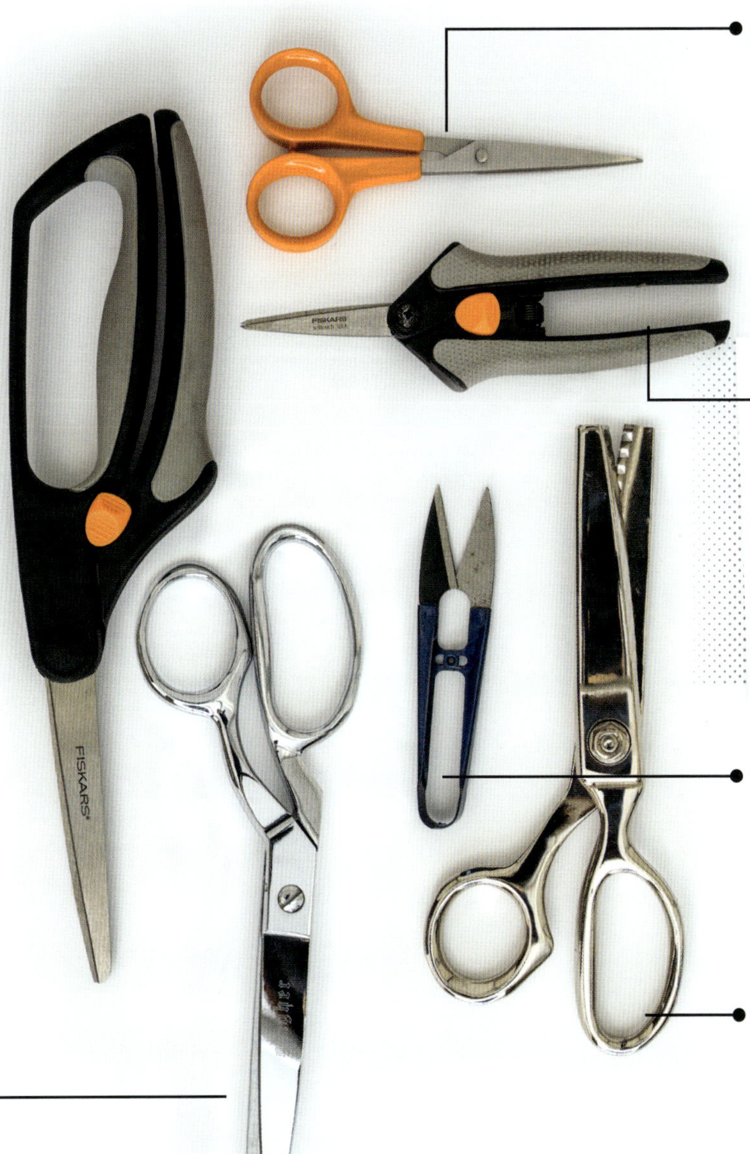

BASTELSCHEREN sind für mich alle anderen Scheren, mit denen kein Stoff geschnitten wird. Viele haben preiswerte Plastikgriffe. Davon sollte man zwei oder drei haben, da beim Anfertigen von Cosplay-Kostümen jede Menge nicht-textile Materialien geschnitten werden.

TIPP

Ich persönlich besitze keine, aber für Cosplayer, die Probleme mit den Händen haben, wie Arthritis oder Ermüdungserscheinungen, sind *gefederte* **Scheren praktisch. Die Schere öffnet sich automatisch und nimmt den Handmuskeln die Hälfte der Arbeit ab.**

Wie schon erwähnt (Seite 34), ist eine **FADENSCHERE** aus vielen Gründen praktisch. Ich verwende sie meist zum Abschneiden der Fäden, aber auch zum Zuschneiden von Applikationen oder Stickereien.

Eine **ZACKENSCHERE** ist toll, weil viele Stoffe stark ausfransen. Diese Schere verzögert diesen Prozess. Sie verhindert ihn nicht vollständig, reduziert das Problem aber und man kann besser mit dem Stoff arbeiten.

Ein **ROLLSCHNEIDER** besitzt eine runde Klinge und gleitet mühelos durch das Gewebe. Damit lassen sich besonders Rundungen leicht schneiden und wenn die Klinge groß genug ist, kann man damit auch mehrere Stoffschichten durchtrennen. Die Klingen gibt es in verschiedenen Größen und sie lassen sich schärfen. Rollschneider können verriegelt werden, um Verletzungen zu vermeiden. Für den Gebrauch eines Rollschneiders, brauchst du eine **UNIVERSALSCHNEIDEMATTE**. Sie schützt deinen Tisch oder die Oberfläche, auf der du schneidest. Diese Matten sind sehr langlebig.

Zusätzlich zu diesen beiden Werkzeugen brauchst du auch ein Universallineal aus Plexiglas.

DIE NÄHMASCHINE

Jetzt ist es an der Zeit, über das wichtigste Werkzeug in deinem Nähstudio zu sprechen: die Nähmaschine. Von allen Utensilien, die du brauchst, ist sie die wichtigste und größte Investition. Mit einer Nähmaschine lassen sich die meisten Näharbeiten schnell und einfach erledigen. Du kannst Kleidungsstücke natürlich auch von Hand nähen. Doch das dauert viel länger und das Erstellen der Nähte erfordert viel Übung, damit die Kostüme nicht auseinanderfallen.

Aber was ist eine Nähmaschine? Eine Nähmaschine wird verwendet, um Stoffteile oder ähnliche Materialien mithilfe von Garn zusammenzunähen. Die Maschine selbst ist kompliziert, obwohl sie eine ziemlich einfache Funktion erfüllt. Wenn du eine Nähmaschine kaufen möchtest, empfehle ich die Marken BERNINA, Brother, Husqvarna Viking, Janome, JUKI, Pfaff oder Singer. Das sind international gängige Marken.

GESCHICHTE DER NÄHMASCHINE

Die Geschichte der Nähmaschine begann Mitte des 18. Jahrhunderts, als vielerorts versucht wurde, hierfür ein eigenes Patent zu erstellen und zu finalisieren. Alle arbeiteten gleichzeitig auf Hochtouren, um dieser Maschine zum Durchbruch zu verhelfen. Es wurden verschiedene Modelle entwickelt, die viele unterschiedliche Stiche ausführen konnten. Im Jahre 1864 erfand Elias Howe eine Variante, die der heutigen Nähmaschine am ähnlichsten war. Doch es war Isaac Merritt Singer, der die Nähmaschine erfolgreich vermarktete und sich so die beträchtlichen Zahlungen wegen Patentverletzung leisten konnte. Singer-Nähmaschinen gehören zu den meistgekauften Modellen der Geschichte. Kurz gesagt, blicken Nähmaschinen auf eine lange Geschichte von Patent- und Gerichtsstreitigkeiten zurück!

Die Grundlagen

Sehen wir uns die Nähmaschine einmal genauer an, damit du die grundlegende Funktionsweise kennenlernst. Die Nähmaschine der verschiedenen Firmen sind immer etwas anders aufgebaut. Lies daher die beiliegende Bedienungsanleitung gut durch. Doch im Grunde nähen sie alle gleich – ein oberer Faden (Nadel) wird mit einem unteren Faden (Spule) zu einem Stich verbunden.

Zum Starten:

- Schließ das Gerät an den Strom an und stell die Maschine mit dem Ein- und Ausschalter an.
- Finde den Knopf oder das Fußpedal zum Starten des Nähvorgangs.
- Schaue, ob die Spule von vorne oder von oben eingelegt wird. Spule Garn auf eine Spule und lege sie ein. (Lies die Bedienungsanleitung – das richtige Einsetzen der Spule ist wichtig.)
- Lies nach, wie der Oberfaden deiner Maschine eingefädelt wird. Oft wird der Weg des Fadens farblich gekennzeichnet. Achte darauf, dass die Maschine richtig eingefädelt ist, da die Nähte sonst nicht korrekt ausgeführt werden.
- Finde die Wählräder oder Schalter, über die sich Stichart, -breite und -länge einstellen lässt. Sie sind wichtig, da du damit vorgibst, was und wie die Maschine nähen soll.

Nähmaschinenstiche

Es gibt so viele verschiedene Nähmaschinen! Einige Computermodelle können über 100 Stichvarianten nähen. Ehrlich gesagt, braucht man zum Nähen von Kostümen nur den Gerad-, Zickzack-, Blind-, Overlock- und Knopflochstich sowie das Verriegeln (rückwärts). Und selbst Blind-, Overlock- und Knopflochstich sind nicht unbedingt nötig (wenn auch bei den meisten Maschinen Standard und recht praktisch).

Höre bewusst auf die Geräusche deiner Nähmaschine. Sie hört sich anders an, wenn mit der Mechanik etwas nicht stimmt. Klingt sie seltsam, halte die Maschine an, fädle den Faden noch einmal ein und lege die Spule neu ein. Meistens verschwinden die seltsamen Geräusche dann wieder. In deiner Bedienungsanleitung finden sich sicher auch Wartungshinweise.

DIE OVERLOCK

Eine Overlock bereichert jedes Nähzimmer, doch zu Beginn deiner Cosplay-Reise ist sie nicht unbedingt nötig. Irgendwann wirst du dir diese wunderbare Maschine vielleicht zulegen wollen. In nur einem Schritt schneidet die Overlock Stoffüberstände ab und versäubert die Stoffkanten, damit sie nicht ausfransen. Sie bildet auch Nähte, die sich dehnen, ohne dass der Faden reißt. Die meisten Overlocks nähen mit 3-5 Fäden. Je mehr Fäden, desto größer die Stichvielfalt. Zu Beginn reicht eine 3-Faden-Overlock, die in einem Schritt Nahtzugaben abschneidet, Kanten näht und versäubert, und Stretchstoffe zusammennähen kann. Du wirst sie lieben!

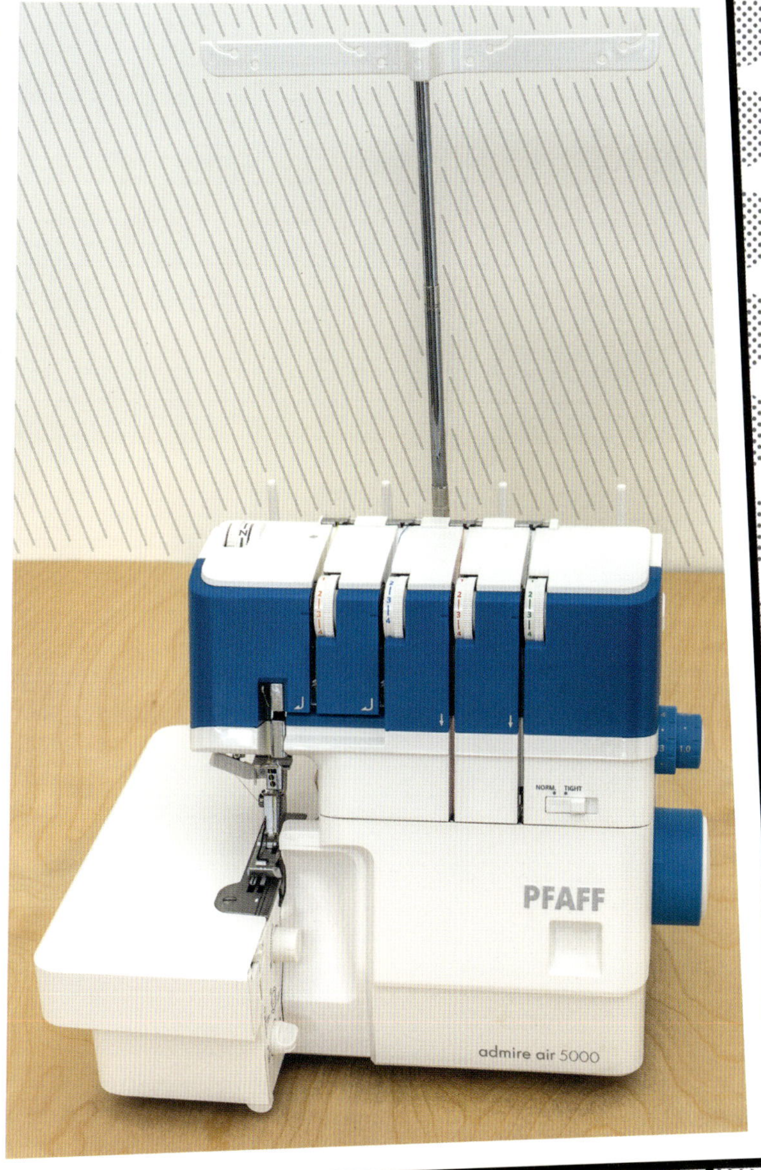

SICHERHEITSHINWEISE

- Pass auf deine Finger auf!
- Wenn du lange Haare hast, binde sie zusammen.
- Zieh den Stecker, wenn du die Maschine nicht verwendest. Das Abdecken mit einem Stoffrest schützt sie vor Staub (außer, es hat dich so gepackt, dass deine Maschine im Dauereinsatz ist).

Stoffe

Stoffkunde ist ein umfangreiches und spannendes Thema. Bevor du in den nächsten Stoffladen eilst, solltest du etwas mehr über Stoffe wissen. Der Anblick von mit unzähligen Stoffballen gefüllten Gängen kann einen regelrecht erschlagen. Doch mich entspannt es, diese Gänge entlang zu schlendern und die verschiedenen Texturen zu befühlen. Mittlerweile weiß ich bei der ersten Berührung, wie Stoffe aussehen oder sich anfühlen werden. Das lernt man mit der Zeit durch Erfahrung. Im Folgenden lernst du, wie man Stoffe für sich und sein Projekt klug auswählt.

WAS SIND STOFFE?

Stoffe sind Textilien (Gewebe), die aus Garnen gewebt oder gestrickt wurden (Garne bestehen aus mehreren miteinander versponnenen Fäden). Die ersten Menschen wärmten sich mit Kleidungsstücken aus Tierfellen. Mit der Zeit begannen sie, verschiedene Materialien auszuprobieren und sie zu Stoff zu verweben.

Textile Rohstoffe

Heute wird Stoff meist aus vier Faserarten hergestellt: tierischen, pflanzlichen, mineralischen und synthetischen Fasern, die dann zu Stoffen verarbeitet werden.

- Zu den **TIERFASERN** zählen Schafwolle, Seide der Seidenraupen sowie Fell und Leder von verschiedenen Tieren. Stoffe aus Tierfasern können teuer sein, sind aber oft ihren Preis wert.
- Zu den **PFLANZENFASERN** zählen vor allem Baumwolle, Bambus, Flachs und Hanf. Stoffe aus Pflanzenfasern sind wegen der Vielfalt an Pflanzen und der einfachen Herstellung günstiger als Stoffe aus Tierfasern. Sie sind die in Stoffläden am häufigsten verkaufte Stoffart. Die meisten von Verbrauchern gekauften Stoffe bestehen aus Pflanzenfasern (wie Baumwolle), gemischt mit synthetischen Fasern (wie Polyester).
- **SYNTHETIKFASERN**, wie Polyester, werden künstlich hergestellt und entstehen nicht in der Natur. Viele Synthetikmaterialien, wie Nylon, Acryl und Elasthan, werden zur Textilherstellung verwendet. Rayon wird künstlich aus Naturfasern hergestellt.
- **MINERALFASERN** werden aus mineralischen Materialien wie Asbest und Glas hergestellt. Aus diesen Fasern produzierte Textilien werden nicht unbedingt für Kleidung verwendet. Man nutzte sie für Glasfaser- und Vinylfliesen sowie große Theatervorhänge. Asbest wird wegen seiner krebserregenden Eigenschaft nicht mehr für Vorhänge verwendet.

TEXTILPRODUKTION

Jetzt, da du über Fasern Bescheid weißt, sprechen wir darüber, wie aus diesen Fasern Stoffe entstehen.

Webware

Die meisten Stoffe werden gewebt, da es die gängigste und schnellste Methode ist. Bei den unterschiedlichen Webarten entstehen, je nachdem wie die Fäden verkreuzt werden, verschiedene Stoffqualitäten. Die meisten Stoffe werden auf Webstühlen hergestellt, wo Kett- und Schussfaden rechtwinklig zueinander liegen. Ein *Webstuhl* ist eine heute meist mechanische Maschine, die Textilien erzeugt. Webstoffe eignen sich gut für vielteilige Kleidungsstücke.

Denim, Flanell und Musselin sind eine gute Wahl für auf die Figur maßgeschneiderte Stücke. Leichtere Webstoffe wie Chiffon und Organza werden gerne für weniger passgenaue Kostüme verwendet. Vermutlich wirst du für die meisten deiner Anfangsprojekte Webstoffe benutzen.

Strickstoff

Bei Strickstoffen werden die Fäden miteinander verschlungen (verwirkt). Anders als beim Weben, zieht man den Faden hier durch Schlaufen. Strickstoffe sind dehnbar und elastisch und springen wieder in ihre Ausgangsform. Wenn du schön fließende Drapierungen erhalten möchtest oder Kleidungsstücke, die dehnbar sein sollen, verwende am besten Strickstoffe.

Verbundstoffe

Verbundstoffe entstehen durch das Verschmelzen, Verbinden oder Verfilzen von Fasern. Dazu zählen Kunstleder und Filz. Sie sind oft robust, können das Gewicht von schwerem Besatz und auffallendem Dekor tragen und eignen sich gut für die Herstellung von Accessoires.

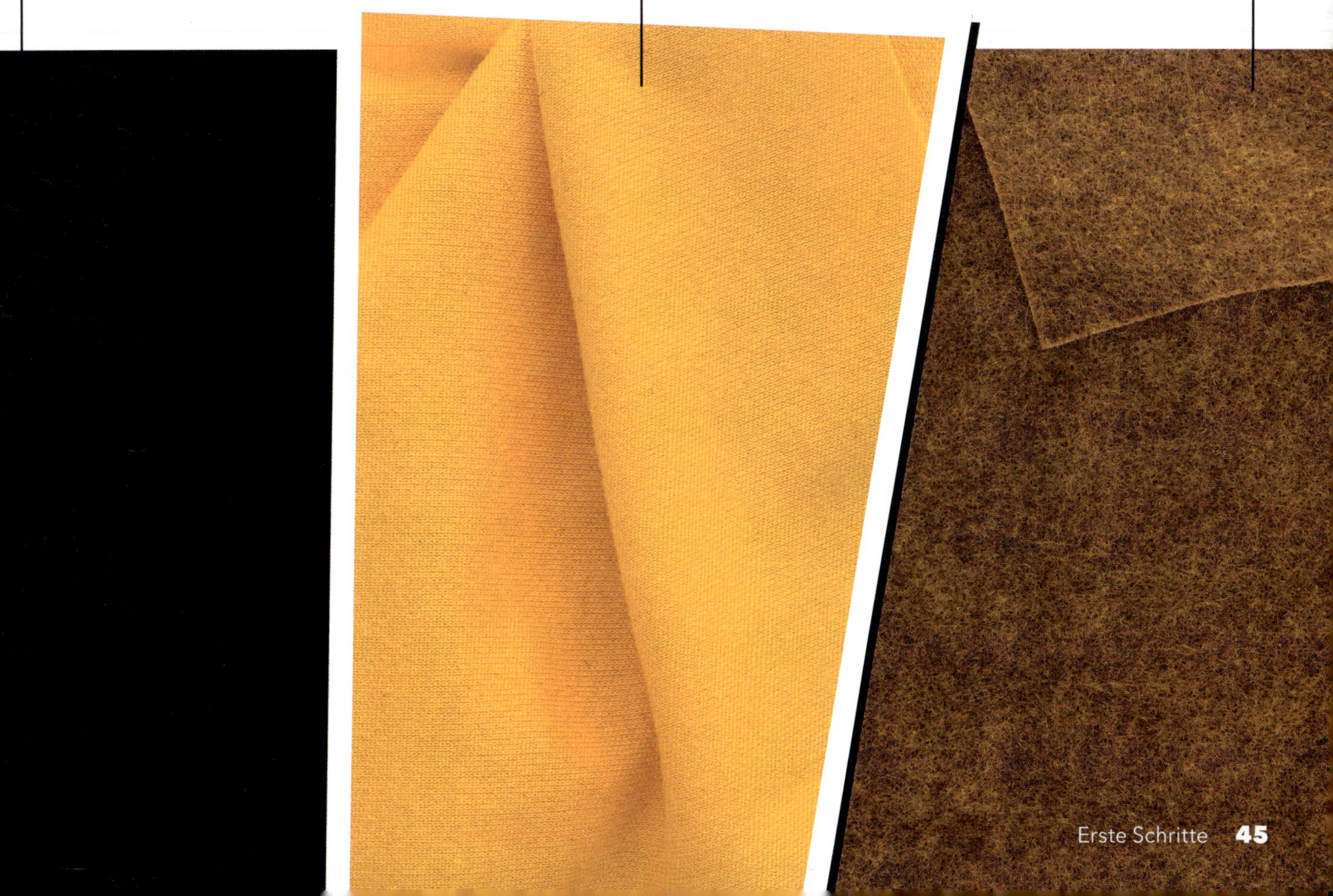

STOFFARTEN

Wenn man weiß, wie Textilien hergestellt werden, ist es einfach, Stoffe und ihr Verhalten zu begreifen. Beschäftigt man sich erst einmal intensiv mit der Materialzusammensetzung und der Stofftextur, versteht man, warum Schnittmuster bestimmte Stoffe vorgeben. Dieses Wissen ist beim Cosplay extrem wertvoll.

Satin, Baumwollmischungen, Flanell, Crêpe Satin und Jersey-Stoffe sind nur ein kleiner Teil der Stoffe, die für Cosplay-Kostüme verwendet werden. Bei der unglaublich großen Stoffauswahl habe ich hier diejenigen zusammengefasst, die ich für Cosplayer am nützlichsten halte. Die Liste ist nicht vollständig, aber ein guter Anfang.

Brokat

Brokat ist ein üppiger, schwerer und luxuriöser Stoff. Er eignet sich für alle royalen Cosplays. Brokat leitet sich vom italienischen Wort *broccato* ab, was so viel wie „gestickt" bedeutet. Brokatstoffe wurden jahrhundertelang für die gehobenen Klassen gewebt. Sie sind reich verziert, mit Vogel- und Blattmotiven, Paisleys, Damast-Mustern und anderen Designs. Ähnlich wie bei Spitze, ist das Weben von Brokat eine Kunst. Daher können die Stoffe teuer sein. Mit von Hand aufgenähten Perlen und Pailletten bringst du diesen Stoff zum Glänzen! Brokat franst. Versäubere deshalb die Schnittkanten, bevor du mit dem Nähen beginnst.

COSPLAYER: Jedimanda
KOSTÜM: Cersei Lannister aus *Game of Thrones*

Chiffon

Chiffon ist aufgrund seines geringen Gewichts und seiner Transparenz sehr beliebt: aber er ist auch einer der am schwersten zu verarbeitenden Stoffe, da er sehr rutschig ist. Sobald man Chiffon schneidet, beginnt er auszufransen. Plane also genau, was du nähen musst und behandle die Teile behutsam. Es hilft, die Kanten mit einer Overlocknaht zu versäubern oder mit einer Zackenschere zuzuschneiden. Damit sich der Chiffon beim Nähen nicht verschiebt, solltest du die Teile mit vielen Stecknadeln zusammenhalten. Es empfiehlt sich eine Stecknadel alle 5 mm. Entferne die Nadeln wieder, bevor du den Stoff unter den Nähmaschinenfuß schiebst. Ist das Nähen mit Chiffon nach wie vor schwierig, versuche es mit einem Obertransportfuß für die Nähmaschine.

COSPLAYER: Jedimanda
KOSTÜM: Mary Poppins aus *Mary Poppins*

Chiffon wirkt immer elegant und ist vielfältig einsetzbar. Ich kombiniere Chiffon gerne mit Organza. Chiffon wird meist aus 100 % Seide, 100 % Polyester oder einer Seiden-Polyester-Mischung hergestellt.

Dupion

Dupion ist einer meiner Lieblingsstoffe aus Seide. Er wird aber auch aus Viskose und Polyester hergestellt. Ich verwende Dupionseide für viele meiner Builds, weil ich seine Optik und Haptik liebe. Dupion zeichnet sich durch seine kleinen Noppen, die Fadenverdickungen, die Leinenbindung und den sichtbaren Fadenlauf aus. Der *Fadenlauf* beschreibt die Richtung, in der der Stoff gewebt wurde. Wird Dupion mit zwei verschiedenfarbigen Seidenfäden gewebt, changiert das Gewebe im Licht in zwei Farbtönen, was sehr schön aussieht. Durch die knubbelige Struktur ist es ein sehr auffälliger Stoff, der gerne für Abendkleidung und Mieder verwendet wird.

COSPLAYER: Jedimanda
KOSTÜM: Prinzessin Anastasia aus *Anastasia*

Filz

Filz ist ein Vliesstoff, der durch das Zusammenpressen von Fasern entsteht. Er eignet sich hervorragend für Hüte oder auch Schuhe. Ich verwende Filz, um andere Stoffe zu verstärken, würde aber nicht unbedingt Kleidungsstücke daraus anfertigen. Wenn du einen echten Tellerrock im Stil der 50-er machen möchtest, ist Filz definitiv das Richtige.

Jersey

Jersey ist ein Strickstoff. Durch die ineinander verschlungenen Maschen lässt sich der Stoff dehnen und nimmt danach wieder seine Ausgangsform an. Strickjersey, oder nur Jersey, gibt es aus vielen verschiedenen Fasern, darunter Wolle, Baumwolle, Polyester und Acryl. Er eignet sich hervorragend für einfache Kleidungsstücke, wie legere Kleider, Röcke und T-Shirts: die Elemente, die als Basis für deine Cosplays dienen. Jersey fühlt sich auf der Haut gut an. Je nachdem, mit welchem Strickverfahren er hergestellt wird, entsteht ein leichter, dünner oder ein steifer, schwerer Strickstoff. Verbringe etwas Zeit in deinem Stoffladen und mache dich mit den verschiedenen Strickstoffen wie Single-Jersey, Double-Jersey und Interlock-Jersey vertraut.

COSPLAYER: Jedimanda
KOSTÜM: Ahsoka Tano aus *Star Wars Rebels*

Spitze

Spitze gibt es in einer Vielzahl von Farben, Mustern, Stärken, Designs und Fasern (Seide, Baumwolle, Polyester und sogar Metallfasern). Sie ähnelt Tüll, doch die „Löcher" sind in herrlich dekorativen Mustern angeordnet. Entweder als Meterware oder als Borte verleiht Spitze deinem Kostüm einen Hauch Luxus. Achtung: Spitze ist empfindlich und erfordert spezielle Nähtechniken.

COSPLAYER: Jedimanda
KOSTÜM: Queen Amidala aus *Star Wars: Episode I - Die dunkle Bedrohung*

Leder

Leder ist ein flexibles und robustes Material. Viele verwenden diesen tierischen Rohstoff für Jacken, Stiefel, Gürtel, Mieder und Accessoires. Wenn du nach einem nicht-tierischen Stoff suchen, der Leder ähnelt, probiere Vinyl und/oder Ultrasuede.

Man kann Leder mit speziellen Lederfarben bemalen oder mit Werkzeug Details einarbeiten.

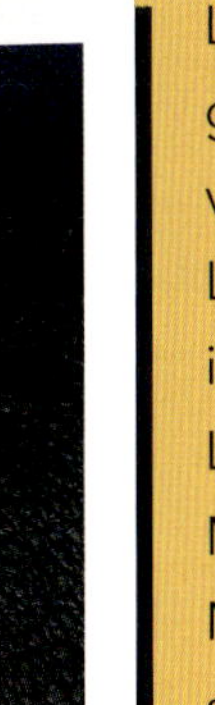

Leder franst nicht aus und hat keinen Fadenlauf. Man kann also die gesamte Haut für das Schnittmuster nutzen. Leder wird nicht pro Meter verkauft und es gibt keine Farbmuster. Normalerweise kauft man ganze Lederhäute, das heißt, die gesamte Tierhaut. Schon verarbeitetes Leder ist hier eine gute Option. In Second-Hand-Läden gibt es jede Menge Jacken, Hosen, Möbel, Gürtel und Accessoires aus Leder. Nimm deine gebrauchten Fundstücke und schneide die Teile auseinander, trenne die Nähte auf oder schneide die benötige Menge ab. Ich mache das oft! Das Leder nicht waschen, sondern nur chemisch reinigen.

Kunstleder ist kostengünstiger und eignet sich perfekt für viele Cosplays.

Leinen

Leinen ist sowohl der Name für die Faser als auch für den Stoff und ist eines der ältesten Gewebe. Es wird aus Flachsfasern hergestellt und ist im Sommer gut, da es sich auch bei heißen Temperaturen angenehm anfühlt. Es eignet sich bestens als Futter oder Unterwäsche sowie für Oberbekleidung und Alltagskleidung. Leinen gibt es in verschiedenen Stärken und vielen leuchtenden Farben, da es sich leicht färben lässt.

COSPLAYER: Jedimanda
KOSTÜM: Doctor Strange aus *Doctor Strange*

Musselin

Musselin ist ein einfacher, günstiger Baumwollstoff in Leinwandbindung. Er ist kein Dekorstoff und man kann aus ihm Kostümteile probenähen, um zu sehen, ob sie passen oder deiner Vorstellung entsprechen. Mit ihm lassen sich Ideen und Muster für deine Kleidungsstücke wunderbar ausprobieren. Du kannst Musselin auch als Futter verwenden. Diesen Stoff solltest du immer vorrätig haben.

Organza

Organza ist, wie Chiffon, ein leichter, transparenter Stoff. Doch während Chiffon schön fließt, scheint Organza in der Luft zu schweben. Er kann, wie Chiffon, schwierig zu verarbeiten sein, da der Stoff leicht verrutscht. Am besten beschwerst du ihn während des Schneidens. Du kannst dafür Nähgewichte oder Unterlegscheiben aus dem Baumarkt nehmen. Organza eignet sich gut für Unterröcke und alles, was ein wenig bauschig sein soll. Es ist ein weicher Stoff, durch den deine Kleider, wie mit einem Tüllunterrock, voluminöser wirken, der sich aber auf der Haut viel besser anfühlt. Organza gibt es aus Seide, Polyester oder einer Polyestermischung. Versäubere die Kanten gut, da er stark ausfranst. Ist das Nähen mit Organza nach wie vor schwierig, versuche es mit einem Obertransportfuß für die Nähmaschine.

COSPLAYER: Jedimanda
KOSTÜM: Mary Poppins aus *Mary Poppins*

Patchworkstoff

Bedruckte Patchworkstoffe, die zuhauf in Bastelläden zu finden sind, bestehen zu 100 % aus Baumwolle. Sie werden in der Regel für Patchworkarbeiten und weniger für Cosplays verwendet, doch sie haben schöne Muster und Farben und ich verwende sie gerne als Futter. Hinweis: Wasche diesen Stoff vor dem Zuschneiden, da er gerne einläuft.

Satin

Satin ist ein schöner, glänzender Stoff. Er wird meist für Abendkleidung und Accessoires verwendet. Ich habe ihn für viele meiner Ballkleider benutzt. Satin hat eine Vorder- und eine Rückseite und franst leicht aus. Bearbeite die Kanten mit einer Zackenschere oder versäubere sie vor dem Schneiden mit einer Overlock. Verwende die Stoffmenge, die am Schnittmuster für Stoffe mit Fadenlauf angegeben wird, da du alle Schnittteile aus Satin in die gleiche Richtung legen musst. Satin besteht aus Seiden-, Nylon- oder Polyesterfasern und ist in unterschiedlichen Preisklassen erhältlich. Dieser schöne Stoff eignet sich für viele Arten von Kleidungsstücken.

COSPLAYER: Jedimanda
KOSTÜM: Wonder Woman aus *Wonder Woman*

COSPLAYER: Jedimanda
KOSTÜM: Königin Amidala aus *Star Wars: Episode I – Die dunkle Bedrohung*

Shantung

Wie Dupion, ist Shantung ein Seidenstoff, doch er ist leichter und ebenmäßiger. Shantung ist oft maschinengewebt und daher günstiger als handgewebte Dupionstoffe. Ich verwende Shantung, wenn ich große Mengen Seidenstoff brauche, da er ein guter Ersatz für Seide ist.

Elasthan

Elasthan ist ein beliebtes Cosplay-Material, vor allem für Superheldenanzüge und alles, was sich dehnen soll. In Nordamerika heißt dieser Synthetikstoff „Spandex" und ist ein Anagramm für das englische Wort *„expands"* (dehnt sich). In Europa und anderen Teilen der Welt ist er meist unter dem Namen Lycra bekannt. Lycra ist der von der Firma DuPont im Jahr 1958 geschaffene Markenname. Wenn du hautenge Kleidungsstücke herstellst, solltest du 4-Wege-Stretch-Elasthan kaufen. Elasthan dehnt sich immer in alle Richtungen. In Stoffgeschäften wird es manchmal bei den Strickstoffen einsortiert, die sich jedoch nur in zwei Richtungen dehnen. Bi-elastische Materialen haben zwar auch ihren Nutzen, sollten aber nicht für hautenge Kleidung verwendet werden. (Du willst dich schließlich hinsetzen können, oder?) Beim Nähen von Elasthan verwende am besten eine Jersey-/Stretch-Nadel und einen Zickzackstich. Elasthan eignet sich für Superheldenanzüge, Leggings, Sportbekleidung und alles, was eng anliegen soll.

COSPLAYER: Jedimanda
KOSTÜM: Jean Grey aus *X-Men*

Velourleder

Velourleder eignet sich toll für Mieder und Accessoires wie Gürtel und Beutel. Es ist in unterschiedlichen Stärken und Preisklassen erhältlich und ist die weiche Unterseite der Lederhaut, perfekt für Jacken und Schuhe sowie alles, was Struktur braucht und langlebig sein muss. Vorsicht beim Nähen: wenn du Nähte auftrennst, bleiben die Löcher sichtbar. Velourleder wird möglichst nur trocken durch Abbürsten gereinigt, also nicht in die Waschmaschine oder den Trockner stecken.

Anzugstoff

Anzugstoffe bestehen aus Wolle oder Polyestermischungen und werden, wie der Name sagt, für Anzüge verwendet. Ich benutze sie gerne für elegante Kleidungsstücke die atmungsaktiv sein müssen. Es gibt sie in allen Farben und Mustern und sie eignen sich gut zum Experimentieren, da sie oft preisgünstig sind. Ich sticke gerne direkt auf den Stoff, und auch Applikationen lassen sich gut anbringen.

COSPLAYER: Jedimanda
KOSTÜM: Queenie Goldstein aus *Fantastische Tierwesen: Grindelwalds Verbrechen*

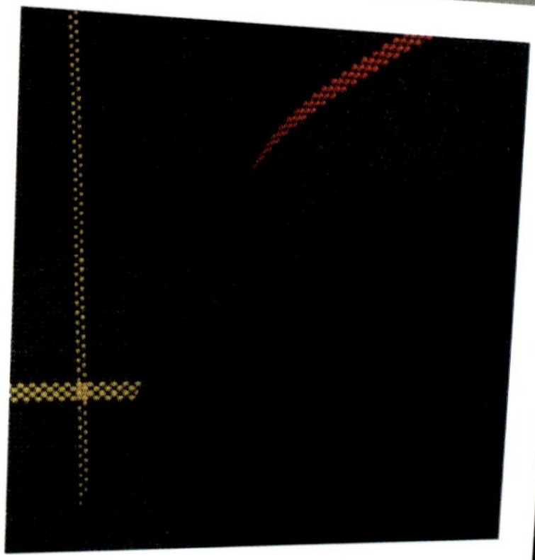

Taft

Taft ist ein weiterer aus Seidenfasern hergestellter Stoff; es gibt ihn auch aus Acetat, Polyester und Fasermischungen, die ebenfalls schön sind. Dieser Stoff ist steif, etwas schwerer und perfekt für strukturierte Kleidungsstücke. Er lässt sich auch gut bügeln. Ich verwende Taft gerne für Ballkleider. Mitglieder des Königshauses trugen Kleider aus Seidentaft, wie auf Porträts von Marie Antoinette aus dem 18. Jahrhundert zu sehen ist. Reiner Taft kann ganz schön teuer sein. Denke an Alternativen, vor allem wenn du für dein Kostüm viel Stoff brauchst.

Tüll

Tüll oder Tutu-Stoff hat winzige Löcher, ist extrem robust und kann sein eigenes Gewicht tragen, ohne nach unten zu hängen. Er wird oft für die Tutus von Balletttänzerinnen verwendet. Du kannst Tüll falten oder raffen, um Kleidern Struktur zu verleihen und sie bauschiger zu machen. Tüll wird für fast jedes Kleid verwendet, das Cinderella-tauglich sein soll. Du kannst ihn für Unterröcke einsetzen oder ihn unter einem Kleid am Futter festnähen (siehe Nähanleitungen verstehen, Seite 70). Tüll muss normalerweise nicht gesäumt werden und es gibt ihn aus Seiden-, Polyester- und Nylonfasern.

COSPLAYER: Jedimanda
KOSTÜM: Mary Poppins aus *Mary Poppins*

COSPLAYER: Jedimanda
KOSTÜM: Qira aus *Solo: A Star Wars Story*

Köperstoffe und Canvas

Köper (auch der Name einer Webart) und Canvas sind feste und etwas steife Stoffe, die für viele Kleidungsstücke verwendet werden können. Sie bestehen in der Regel aus 100 % Baumwolle, 100 % Polyester oder Gemischen aus beiden Fasern. Köper eignet sich für Mieder und Futter, während Canvas oft für Außentaschen und Accessoires wie Tote Bags verwendet wird. Ich benutze beide Stoffe für Pilotenanzüge, strukturierte Jacken und Umhänge. Ich liebe schöne Umhänge!

Ultrasuede

Ultrasuede ist der Handelsname für Ultra-Mikrofaser (auch als Alcantara geläufig). Es wird anstelle von Veloursleder verwendet. Ich benutze Ultrasuede für Mieder, Gürtel, Schuhe und Rüstungen, wenn Leder nicht erhältlich oder zu teuer ist. Ultrasuede nur chemisch reinigen.

COSPLAYER: Jedimanda
KOSTÜM: Rey aus *Star Wars: Episode VIII – Die letzten Jedi*

Samt

Samt ist ein toller Stoff für prunkvolle Kostüme. Eingewebte Schlaufen werden aufgeschnitten und ergeben so auf der Oberseite einen superweichen Flor. Er kann, wie jeder andere Stoff, aus Natur- oder Synthetik-Fasern hergestellt werden. Samt aus Naturfasern, wie Seidensamt, ist teurer als synthetische Varianten, die nur die Hälfte kosten und dieselbe Optik liefern. Verwende Samt für Mäntel, Jacken, Umhänge und andere Oberbekleidung. Samt hat einen Strich in Fadenlaufrichtung, daher sollten die Schnittteile alle in die gleiche Richtung zeigen. Mit Baumwollsamt erzielt man eine ähnliche Optik, er ist aber leichter zu nähen als Seidensamt.

COSPLAYER: Jedimanda
KOSTÜM: Königin Amidala aus *Star Wars: Episode I – Die dunkle Bedrohung*

Vinyl

Vinyl ist ein vielfältiges Material, das jedem Outfit einen industriellen Kunststoff-/Latex- bzw. Lederlook verleiht. Es franst beim Schneiden nicht aus, kann elastisch sein und wird oft für Superheldenanzüge verwendet. Ich benutze nur 4-Wege-Stretch-Vinyl für meine Anzüge. Vinyl kann auch als Ersatz für Leder dienen. Es eignet sich hervorragend zum Experimentieren!

Wolle

Wolle darf hier als Stoff nicht fehlen. Auch wenn ich ihn wegen des Preises und seiner Eigenschaften in punkto Wasser und Hitze nicht oft für Cosplays verwende. Wolle eignet sich jedoch gut für Oberbekleidung und Accessoires wie Taschen, Rucksäcke und Geldbörsen. Sie lässt sich gut schneiden und franst wenig. Wolle behält ihre Form und ist ein guter Stabilisator für andere Stoffe. Sie ist eher dick und wird daher mit einer größeren Nadel und starkem Garn genäht. Vorsicht beim Bügeln, da die Fasern bei Hitze leicht versengen. Verwende die Wolleinstellung und lege ein Bügeltuch zwischen Bügeleisen und Stoff.

STOFFTIPPS

Beim Arbeiten mit Stoff lernt man vor allem durch Ausprobieren. Färbe, schneide, falte, raffe und nähe nach Herzenslust verschiedene Stoffe. Stoff ist eines deiner besten Design-Werkzeuge.

- Meide den Satin, der vor Halloween für die Kostüme in den Stoffläden auftaucht. Er ist billig produziert und sehr schwierig zu verarbeiten. Man ist versucht, ihn wegen des günstigen Preises auszuprobieren, doch er franst schrecklich, schmilzt leicht unter dem Bügeleisen und der übertriebene Glanz sieht etwas billig aus. Du bist also vorgewarnt!
- Nimm dir die Zeit, deinen Stoff vor dem Zuschneiden zu waschen. Sofern du keine Stoffe wie Seide, Leder oder Samt verwendest, die nicht gewaschen werden, bereitet die Vorwäsche den Stoff für das Nähen vor. Vor allem Baumwollstoffe sollte man vorwaschen, da sie einlaufen können. Und niemand möchte, dass sein Kleidungsstück nach dem Nähen einläuft. Das Vorwaschen entfernt auch Farbstoffe, die beim Arbeiten oder Tragen auf die Haut oder helle Stoffe, die ebenfalls Teil des Kostüms sind, abfärben können. Siehe die Spalte Vorwäsche in Anhang A: Stofftabelle (Seite 123).
- Achte auf die Materialzusammensetzung, wenn der Stoff durch Brandspuren künstlich altern („Distressing„) soll. Baumwolle brennt und es bleiben Rückstände, Polyester schmilzt und bildet eine verklebte Kante. Brennendes Gewebe kann aufgrund der Dämpfe schädlich sein.
- Keine Angst vor teuren Stoffen. Mache zuerst aus Musselin, preiswerter Baumwolle oder günstigem Elasthan ein Mock-up und verwende die schönen Stoffe erst, wenn du alle Probleme mit der Passform behoben hast. Glaube mir – sobald du schöne Stoffe verwendest, ändert sich die Qualität deiner Arbeit. Doch zurück zu den Stoffschnäppchen. Mit den Stoffen vom Wühltisch experimentiere ich sehr gerne. Ich habe mehrere Cosplays, wie mein Wednesday Addams-Kostüm aus sehr preiswertem Patchworkstoff angefertigt. Doch der Preis soll dich nicht vom Arbeiten mit verschiedenen Stoffarten abhalten.

COSPLAYER: Jedimanda
KOSTÜM: Wednesday Addams aus *The Addams Family*

Schnittmuster

Jetzt, da du dich für ein Kostüm entschieden hast und mehr über die Nähwerkzeuge und die unglaubliche Vielfalt an Stoffen, die zur Verfügung steht, weißt, sollten wir uns mit Schnittmustern beschäftigen. Wenn du keines zeichnen möchtest (was absolut möglich ist), musst du ein Schnittmuster kaufen.

Schnittmuster erhält man im Stoffgeschäft oder online. Handarbeits-Shops wie Jo-Ann, Michaels, Hobby Lobby und sogar einige Walmarts führen sie. Und im Internet findet man problemlos verschiedene Online-Anbieter für Schnittmuster.

Für Einsteiger:innen werden in diesem Buch nur gekaufte Schnittmuster behandelt, wo sie zu finden sind, wie die Auswahl erfolgt und wie man sie verwendet. Wenn du lernen möchtest, eigene Schnittmuster zu zeichnen, sieh dir am besten YouTube-Tutorials an und suchen nach Büchern über Schnittkonstruktion. Das Zeichnen von Schnittmustern ist ein stetiger Lernprozess. Man muss über Körperformen Bescheid wissen und den Look des Cosplays gestalten können.

WAS IST EIN SCHNITTMUSTER?

Ein Schnittmuster ist die Grundlage für alle Teile eines Kleidungsstücks, wie die Vorder- und Rückseite des Oberteils, die Ärmel oder die Hosenbeine. Man steckt die auf Papier gedruckten Schnittteile auf dem Stoff fest und schneidet rund um die Schnittlinie oder zeichnet rund um die Teile, die man dann entlang der Markierungen ausschneidet. Wenn du die Schnittteile einmal aus dem Stoff ausgeschnitten hast, kannst du daraus ein Kleidungsstück nähen. Und auf dem Schnittbogen steht, wie du das am besten angehst!

Auswahl eines Schnittmusters

Fertigschnitte sind erhältlich seit Ebenezer Butterick im Jahr 1863 den ersten gradierten Schnittmusterbogen auf den Markt brachte. Seit dieser Zeit bietet sich Hobbyschneidern und Schneiderinnen eine breite Auswahl. Für fast alles gibt es ein passendes Schnittmuster!

Doch manchmal lässt sich das richtige Schnittmuster auch nach eingehender Suche nicht finden. Gib dein Design deswegen nicht auf! Improvisiere stattdessen und kombiniere Schnittteile miteinander. Ich mache das oft. Zuerst suche ich nach der Form, die ich brauche und dann schaue ich, ob Teile durch Elemente anderer Schnitte ersetzt werden können. Bei der Anfertigung eines Ballkleids verwende ich beispielsweise oft denselben Schnitt für das Oberteil, stelle die Schnittteile für die Ärmel aber aus anderen Schnittmustern zusammen (siehe Cosplay Mash-Up, Seite 72).

Die großen Vier

Es gibt vier große Schnittmusterhersteller: Simplicity, McCall's, Butterick und Vogue Patterns. In der Näh-Community nennt man sie „Die großen Vier". Diese Firmen bieten Schnittmuster für alle Altersgruppen, Geschlechter und Größen an. Von Kostümen über Hochzeitskleider, Puppenkleidung bis hin zu Herrensakkos, Badeanzügen, Pyjamas und sogar tollen Accessoires. Sehen wir uns an, worin sich die großen Vier unterscheiden.

MCCALL'S (meine Lieblingsmarke) bietet Schnittmuster für Männer, Frauen und Kinder, die in der Regel den aktuellen Modetrends entsprechen. Für mich haben sie die besten Schnitte für Kostüme/ Cosplays. Kostüme von Yaya Han und Cosplay von McCall's sind zwei Schnittkollektionen für Cosplayer. Ich habe mehrere Kleidungsstücke daraus genäht und kann sie für dein erstes Cosplay sehr empfehlen. Neben diesen Kollektionen bietet McCall's auch eine große Auswahl an modernen Looks.

BUTTERICK ist am längsten im Fertigschnittgeschäft und bietet sowohl traditionellere als auch viele historische Schnittmuster an. Ich bin ein großer Fan ihrer Wäsche-Linie.

Für eher historische Kostümschnitte bist du hier richtig.

VOGUE PATTERNS verfügt über besonders edle und avantgardistische Modelle. Das sind Styles frisch vom Laufsteg, für alle, die eine Vorliebe für dramatische Looks haben. Vogue Patterns bietet keine Kostümlinie, hat aber eine schöne Vintage Vogue-Kollektion. Die meisten Schnitte sind mittelschwer bis schwierig, doch es gibt auch eine Very Easy Vogue-Kollektion, die einfache Formen und Schnitte für Mash-Ups (Seite 72) umfasst. Ein Blick darauf lohnt sich auf jeden Fall.

SIMPLICITY bietet mehrere Kollektionen mit vielen Looks für Männer, Frauen und Kinder. Die Kostümlinie ist so umfangreich wie jene von McCall's und Butterick, mit vielen Schnitten für beliebte Kostüme. Simplicity besitzt die Marken Burda Style und New Look, die sehr einfache Schnittmuster anbieten. Simplicity verfügt auch über offiziell lizensierte Schnittmuster von Unternehmen wie Disney, die beim Versuch authentische Cosplays anzufertigen sehr hilfreich sind.

Schnittmuster können teuer sein, sind aber oft im Einsatz. Warte auf Rabatte oder durchforste die Angebote deines Stoffladens. Abonniere den Newsletter deines liebsten Online-Anbieters und schon bald flattern Rabattaktionen in deinen Posteingang.

INDIE-SCHNITTMUSTER ODER -MARKEN findet man in der Regel auf Etsy oder eBay. Sie werden oft von professionellen Designern, die bestimmte Outfits vor Augen haben, gezeichnet. Viele Freunde (auch ich) haben Indie-Schnitte für historische Kostüme, Cosplay-Kleidung aus Videospielen und Anime-Kostüme gefunden, die die großen Vier nicht anbieten. Wenn du einen bestimmten Look suchst, versuche es in Facebook-Gruppen oder Blogs, die sich mit dem jeweiligen Kostüm oder Genre befassen. Meistens gibt es ein Indie-Schnittmuster dafür.

SCHNITT-MUSTER

Mit dem Schnittmuster in Händen kannst du nun die richtige Größe bestimmen und den passenden Stoff sowie das nötige Zubehör auswählen. Auf der Schnittbogenhülle befindet sich eine Größentabelle, eine Liste der empfohlenen Stoffe und eine Tabelle, die angibt, wie viel Stoff du für das gesamte Kleidungsstück benötigst. Halte dich so genau wie möglich an die Stoffangaben, da es wichtig ist, dass Qualität und Stärke der Stoffe passen.

Auf der Schnittbogenhülle sind auch eine Zubehörliste sowie einige der Verzierungen angeführt, die du für das auf der Vorderseite abgedruckte Kostüm brauchen. Notiere dir die benötigten Verschlüsse, z. B. Knöpfe oder Reißverschlüsse (siehe Verschlüsse, Seite 60), Bügeleinlagen zur Verstärkung oder Gummibänder.

COSPLAYER: Akakioga
KOSTÜM: Orisa Gijinka aus *Overwatch*

Größen

Vergleiche deine Maße mit jenen auf der Schnittbogenhülle, da die Größenangaben oft von den Konfektionsgrößen abweichen. Bei vielen Schnitten sind verschiedene Größen auf denselben Schnittbogen gedruckt. Ideal, wenn dein Körper eine Kombination aus mehreren Größen ist (wie bei mir!). Meine Maße variieren innerhalb der Schnittgrößen. Daher verwende ich oft mehrere Größen. Viele Schnittmuster sind in den Größen 34-42 oder 42-50 erhältlich.

BEQUEMLICHKEITSZUGABE

Die Bequemlichkeitszugabe ist die im Schnitt enthaltene Maßzugabe für Tragekomfort und Passform. Also die Differenz zwischen Körper- und Fertigmaß. In der Tabelle findest du ungefähre Richtwerte für die Bequemlichkeitszugabe bei den verschiedenen Passformen. Wer seine Cosplays gern eng trägt, wählt eine körpernahe Passform und wer gerne viel Platz hat, wählt eine lockere oder sehr lockere Passform. In 99 % der Fälle wirst du das Kleidungsstück ändern müssen, damit es dir passt. Fertigschnitte arbeiten mit großen Bequemlichkeitszugaben und nichts passt beim ersten Mal wie angegossen.

Passform	Oberteile	Unterteile
enganliegend	0-8 cm	0-4 cm
körpernah	8-10 cm	4-8 cm
körperfolgend	10-12 cm	8-10 cm
weit	12-20 cm	10-15 cm
sehr weit	20 cm+	15 cm+

Verschlüsse

Verschlüsse, wie Zipper, Druckknöpfe und Knöpfe, brauchst du, um dein Kleidungsstück fertigzustellen. Es gibt viele Arten von Verschlüssen. Sehen wir uns also die gängigsten an.

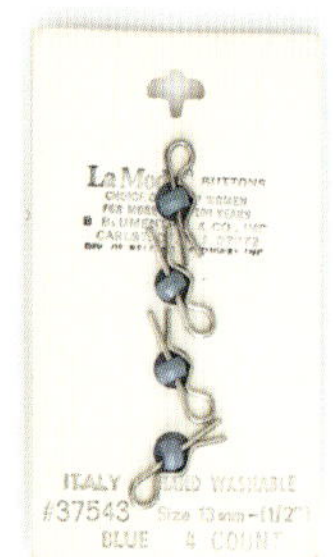

KNÖPFE

Knöpfe gehören zu den ältesten Verschlüssen. Sie sind in unzähligen Farben, Formen, Größen und Designs erhältlich. Die zwei gängigsten Varianten sind Loch- und Ösenknöpfe. Lochknöpfe sind flach, mit zwei oder vier Löchern und können direkt am Kleidungsstück festgenäht werden. Der Ösenknopf wird in der Regel für Anzugjacken, Hosen und zarte Kleider verwendet und zeichnet sich durch die vorstehende Öse auf der Rückseite aus. Wie die Lochknöpfe, lassen sich Ösenknöpfe leicht an Kleidungsstücke nähen – nur auf andere Weise. Es empfiehlt sich, einen Garnstiel anzufertigen, besonders bei schweren Knöpfen. Sichere dazu den Faden und führe ihn einige Male durch die Öse. Lasse die Fäden jedoch locker, damit der Knopf etwas Spielraum hat. Danach schlingst du denselben Faden zwischen Stoff und Knopf einige Male um die losen Fäden, um einen Stiel anzufertigen. So bleibt der Knopf an Ort und Stelle.

Das Annähen von Knöpfen ist einfach. Doch zu jedem Knopf gehört ein Knopfloch. Die meisten modernen Nähmaschinen verfügen über einen separaten Fußaufsatz für das Nähen von Knopflöchern. In der Bedienungsanleitung steht, wie das gemacht wird. Also keine Angst vor den Knopflöchern!

SCHNALLEN & SCHLIESSEN

Dazu gehören Verschlüsse wie Schnallen, chinesische Knoten, Spangen, Knebelknöpfe und D-Ringe. Alle lassen sich leicht von Hand annähen. Zu meinen Lieblingsschließen zählen Schnallen und D-Ringe. Man kann sie, je nach Bedarf, auch färben oder bemalen.

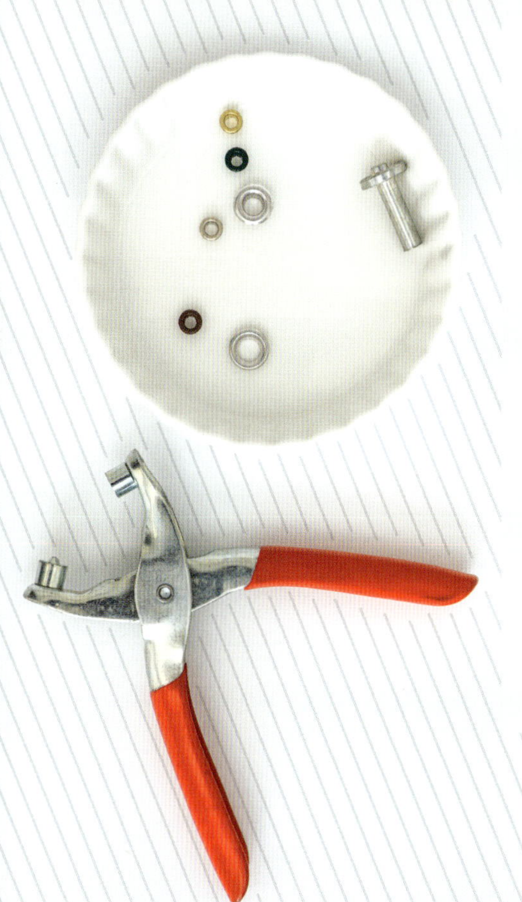

ÖSEN MIT UND OHNE SCHEIBEN

Ösen sind ideal für Kleidungsstücke, die, um mehrere Größen abzudecken, gerafft oder ausgelassen werden müssen. Sie sollen ein kleines Loch im Stoff verstärken, damit man Kordeln oder Bänder wie ein Zugband durch das Loch ziehen kann.

Die *Öse mit Scheibe* besteht aus zwei Metallringen, die ein Loch im Stoff einfassen. Zum Einschlagen der Öse benötigt man einen speziellen Aufsatz und einen Hammer. Eine Öse ohne Scheibe besteht aus einem Metallring, dessen Rand sich mit einem speziellen Werkzeug nach außen über den Stoff biegen lässt.

Diese Verschlüsse werden oft für Ballkleider, Korsagen und Mieder verwendet. Sie eignen sich gut für Teile, die in der Größe flexibel sein müssen. In Kombination mit schönen Kordeln oder Bändern wirst du diese Verschlüsse schnell lieben lernen.

KLETTVERSCHLUSS

Auch unter dem Markennamen „Velcro" bekannt, wurde dieser Selbstverschluss im Jahr 1941 vom Schweizer Ingenieur George de Mestral erfunden. Erhältlich in verschiedenen Breiten, Längen und Farben, besteht er aus zwei Teilen: einem Band mit kleinen Haken und einem flauschigen Band, auf dem die Haken hängenbleiben. Man kann die Bänder aufnähen oder -kleben. Ich befestige mit Klettband meist schwere Schaumstoffteile an meinen Kleidungsstücken.

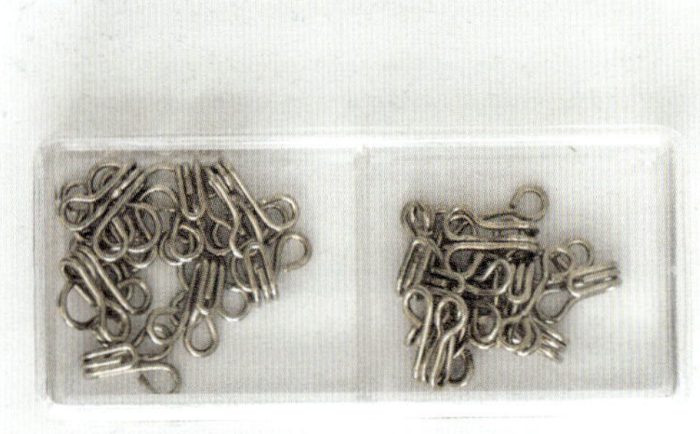

HAKEN UND ÖSEN

Sie sind wohl die praktischsten Verschlüsse für Nähbegeisterte. Dünne Metalldrähte werden zu winzigen Haken, Stegen und Ösen geformt. „Haken" sind gerade Drahtteile mit Augen und „Ösen" sind rund gebogene Stege mit Augen, an denen sie am Stoff befestigt werden. Es gibt sie in vielen Größen in Weiß, Schwarz oder Silber. In der Regel bleibt beim Einnähen eines Reißverschlusses am oberen Ende eine Lücke. Doch die Kombination mit Haken- und Öse-Verschluss verschließt die Öffnung vollständig. Sie sind heutzutage eine vielverbreitete Verschlussart bei Kleidungsstücken.

MAGNETE

Magnetverschlüsse werden immer beliebter. Je nach Kleidungsstück können sie die beste Wahl sein, da sie das Material nicht beschädigen. Einige Magnete lassen sich festnähen, da sie mit Kunststoff oder Stoff ummantelt sind. Man kann für die Magnete kleine Stofftaschen nähen und sie in den Saum stecken oder auf den Stoff steppen und schon ist der Verschluss fertig! Man kann Magnete auch ankleben. So lassen sich Rüstungsteile aus Schaumstoff gut auf Anzügen aus Elasthan anbringen.

DRUCKKNÖPFE

Sie sind meine zweitliebsten Verschlüsse und in verschiedenen Größen und Farben wie Gold, Silber und Schwarz erhältlich. Ich benutze meist Druckknöpfe zum Annähen, aber es gibt sie auch zum Nieten. Sie sind praktisch, um abnehmbare Dinge an einem Kleidungsstück anzubringen. Ich kaufe sie in verschiedenen Größen, verwende am liebsten Größe 10 mm ø und nenne sie „Whooper Poppers"!

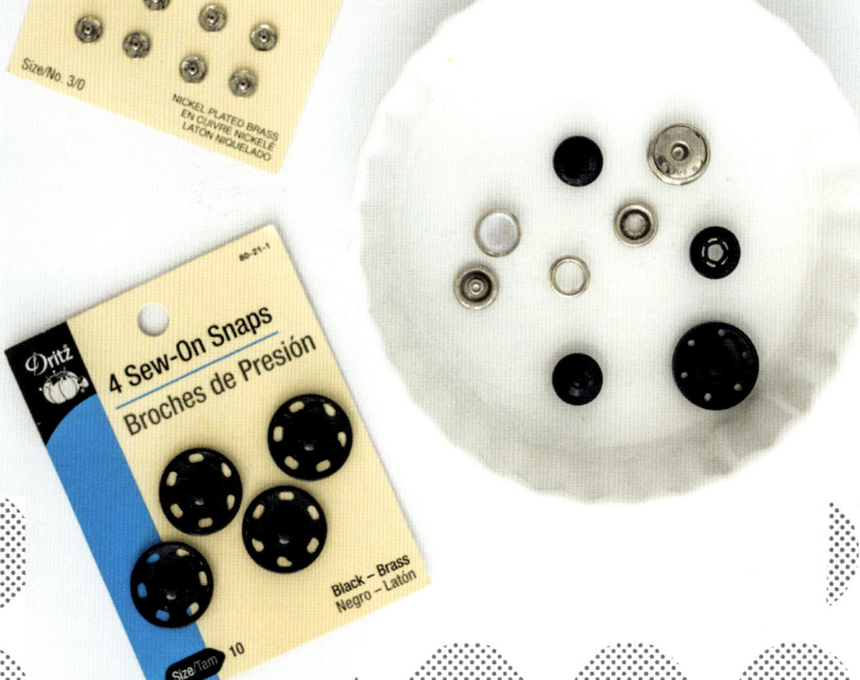

REISSVERSCHLÜSSE

Sie gehören zu den beliebtesten Kleidungsverschlüssen. Ich benutze sie für fast alle meine Kostüme. Es gibt verschiedene Arten in unterschiedlichen Längen, Modellen und Stärken, darunter nahtverdeckte, Sport-, schwere, teilbare und Spiralreißverschlüsse. Ich verwende meist Spiralreißverschlüsse aus Polyester. Auf deinem Schnittmuster steht, welche Art und Länge du benötigst; doch es ist nicht verkehrt, auch eine Variante zur Hand zu haben. Nahtverdeckte Modelle werden mit einem speziellen Nähmaschinenfuß angenäht. Dieser ist preisgünstig und überall erhältlich. Achte auf die Anweisungen auf der Verpackung, damit du ihn richtig positionierst. Das Einnähen eines Zippers erfordert Geduld und Übung. Aber du schaffst das!

REISSVERSCHLÜSSE KÜRZEN

Bis auf teilbare Reißverschlüsse, die in der richtigen Länge gekauft werden müssen, lassen sich alle weiteren Reißverschlussarten kürzen. Gern kaufe ich möglichst lange Modelle in größeren Mengen, da sich ein Reißverschluss dann leicht an die benötigte Länge anpassen lässt.

1. Die gewünschte Länge messen und markieren. Dafür mit Kreide eine Linie quer über den Reißverschluss ziehen.

2. Mit der Maschine (vorsichtig) über das Band und die Zähne vor und zurück nähen, um das neue Reißverschlussende zu fixieren. Benutze zum Transport nur das Handrad und vermeide es, das Fußpedal zu betätigen, um mehr Kontrolle über den Nähvorgang zu haben. So kannst du den Einstich der Nadel gut verfolgen und ggf. korrigieren.

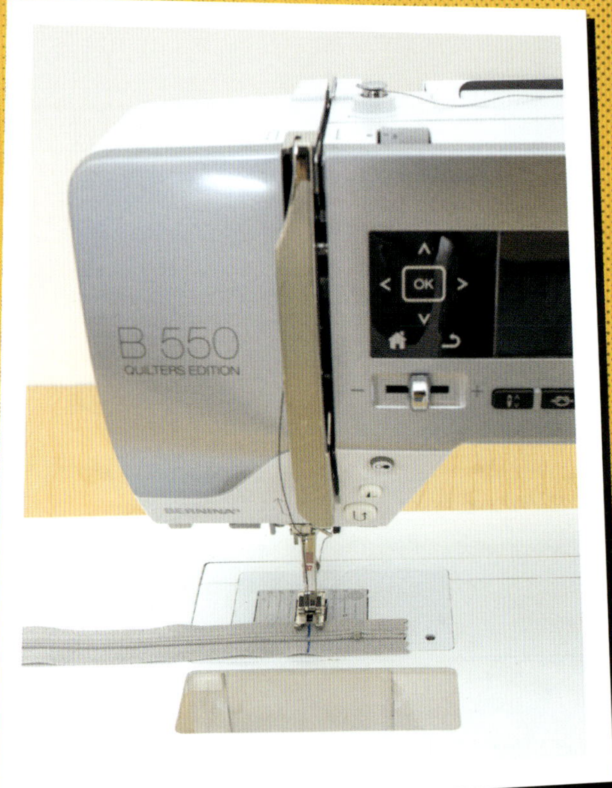

3. Den Reißverschluss etwa einen Zentimeter unterhalb des neuen Endes abschneiden.

Kurzwaren

Die benötigten Kurzwaren, also alles, was du zum Fertigstellen deines Kostüms brauchst, sind im Schnittmuster angeführt. Sie werden in der Regel auf der Kostüminnenseite angebracht – wobei sich z. B. Schrägbänder auch dekorativ auf der Außenseite einsetzen lassen.

SCHRÄGBAND

Ein Schrägband ist ein gut formbares, nicht fransendes, schmales Gewebeband zum Einfassen von Kanten und/oder Fertigen von Paspeln. Schrägband kann 1 cm bis 7,5 cm breit sein und ist in vielen Farben sowie einfach oder doppelt vorgefalzt erhältlich. Bei einfach gefalztem Schrägband sind die Schnittkanten einmal nach innen gefaltet und gebügelt, doppelt gefalztes ist ein zweites Mal zur Hälfte gefaltet und gebügelt. Es empfiehlt sich, verschiedene Schrägbänder zur Hand zu haben, zum Beispiel für problematische Armausschnittkanten oder zum Versäubern einer fransenden Nahtzugabe. Ich verwende Schrägband vor allem zum Einfassen von Mieder- und Korsettkanten.

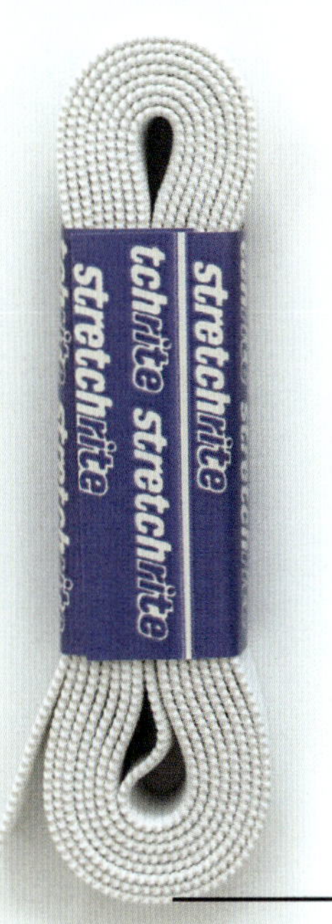

GUMMIBÄNDER

Gummibänder erlauben der Kleidung sich zu dehnen und an den Körper zu schmiegen.

Es gibt sie in diversen Breiten, Formen und Farben und sie können sich bis auf die doppelte Länge ausdehnen. Im Schnittmuster steht, ob du für dein Kleidungsstück Gummibänder brauchst. Wenn ja, wird die nötige Länge sowie die passende Gummibandart angegeben.

Sie können direkt auf den Stoff genäht (mit einer Jersey-Nähmaschinennadel und Zickzackstich für maximale Dehnung) oder in einen Tunnelzug eingeführt werden.

Es gibt drei Gummibandarten: geflochten, gestrickt und gewebt.

UMFLOCHTENE GUMMILITZEN eignen sich für Bademode, Dessous, Ärmel- und Hosensäume.

GESTRICKTE GUMMIBÄNDER sind weich und robust. Diese Art wirst du für deine Kostüme wohl am häufigsten verwenden. Gestrickte Gummibänder werden beim Dehnen nicht schmäler und lassen sich leicht von Hand oder mit der Maschine aufnähen.

GEWEBTE GUMMIBÄNDER sind die stabilsten Varianten. Sie eignen sich jedoch eher für Polstermöbel und schwergewichtige Projekte.

VLIESEINLAGEN

Vlieseinlagen dienen zum Versteifen, Verstärken sowie Stabilisieren von Strickgewebe und leichten Stoffen oder dazu, einen bestimmten Look zu erzielen. Es gibt sie in vielen Stärken, sodass sie jeweils passend zum gewählten Stoff ausgesucht werden können. Frage am besten im Stoffladen nach, welche Einlagenstärke sich am besten für den jeweiligen Stoff eignet.

Man unterscheidet zwischen Näh- und Bügeleinlagen, die beide als Meterware erhältlich sind. Näheinlagen werden für Stoffe verwendet, die den hohen Temperaturen eines Bügeleisens nicht standhalten sowie für maßgeschneiderte Stücke. Bügeleinlagen besitzen auf einer Seite eine Klebeschicht, die unter Einsatz von Hitze- und Feuchtigkeit auf dem Gewebe haftet. Beachte hier die mitgelieferten Verarbeitungshinweise.

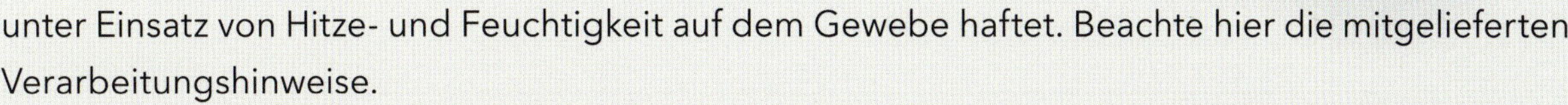

Kragen, Jacken, Ärmel und Mieder sind nur einige Beispiele für Kostümteile, die vom Gebrauch einer Einlage profitieren können.

FUTTER

Für manche Modelle ist ein Futter erforderlich. Das *Futter* ist die innerste Stofflage eines Kleidungsstücks. Es verdeckt Nähte, Vlieseinlagen, Polsterungen und manchmal auch Fehler! Futter reduziert den Verschleiß eines Kleidungsstücks und hält warm. Je nachdem, woran du arbeitest, kannst du das Futter möglicherweise auch weglassen. Vor allem wenn du dein Cosplay nicht regelmäßig trägst. Mehr Informationen zu geeigneten Futterstoffen findest du auf dem Schnittmusterbogen und im Kapitel Stoffe (Seite 42).

DAS KOSTÜM NÄHEN

Zum Anfertigen von Cosplays braucht man grundlegende Nähkenntnisse. Für Nähneulinge bietet sich ein Nähkurs an oder du beginnst mit einem einfachen Rock oder Hemd. Nähen ist wie Radfahren: Sobald man den Dreh raus hat, kann man alles machen und es so schnell oder langsam angehen wie man möchte!

Und habe keine Angst, Fehler zu machen. Alle machen beim Nähen Fehler und lernen daraus.

Nähen mit der Nähmaschine

Sehen wir uns also diese so wichtigen ersten Stiche an!

1. Den Nähfuß mit dem Hebel, der sich hinter der Nadel befindet, anheben. So kannst du den Stoff über den Transporteur legen, der diesen dann weiterschiebt.

2. Den Stoff positionieren und den Nähfuß absenken.

3. Der Bereich rund um den Nähfuß heißt Stichplatte. Sie deckt die Spule ab und besitzt mehrere Markierungen mit Zahlen, die mögliche Nahtzugabenbreiten angeben. Man näht in der Regel mit einer gleichbleibenden Nahtzugabe (zwischen 0,5 und 1,5 cm Breite). Behalte die Markierungslinien im Blick, an der du die Stoffkante entlanglaufen lässt.

4. Finde die/den Rückwärtstaste/-knopf. Der Rückwärtsgang wird am Anfang und Ende einer Naht aktiviert. Dadurch verhindert man das Auflösen der Nähte und die Nahtenden sitzen schön fest.

5. Näh in bequemem Tempo. Die meisten Maschinen besitzen einen Geschwindigkeitsregler. Den Stoff nicht schieben oder ziehen – lass den Transporteur den Stoff bewegen. Nicht über Stecknadeln nähen! Du willst deine Nähmaschine nicht beschädigen und deinen Zeitplan nicht durcheinanderbringen.

Und voilà – deine erste Naht ist fertig. Klopfe dir selbst anerkennend auf die Schulter!

COSPLAYER: Pitchfork Cosplay
KOSTÜM: Ayesha aus
Guardians of the Galaxy 2

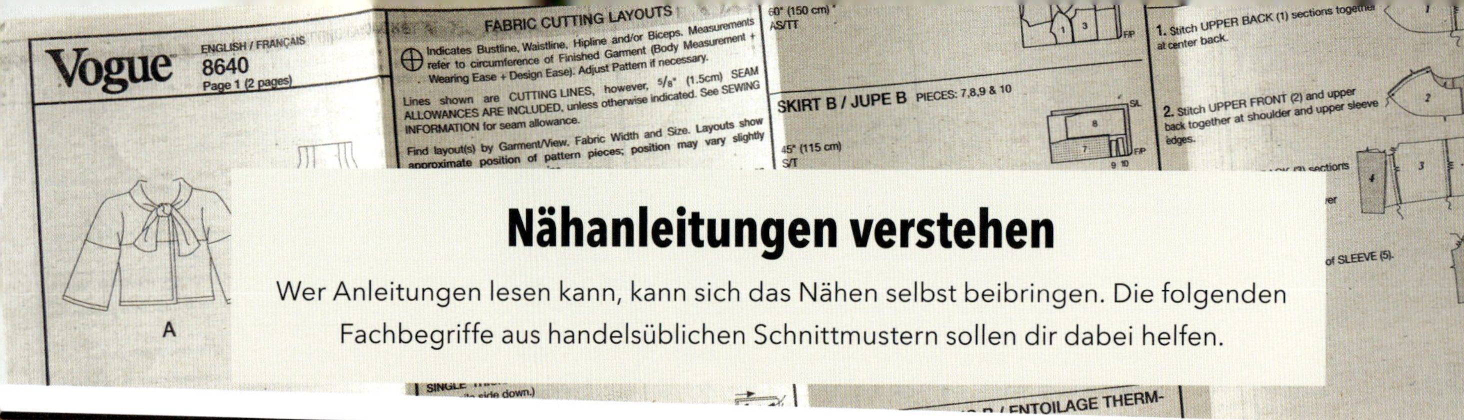

Nähanleitungen verstehen

Wer Anleitungen lesen kann, kann sich das Nähen selbst beibringen. Die folgenden Fachbegriffe aus handelsüblichen Schnittmustern sollen dir dabei helfen.

BEGRIFFE ZU STOFF

BIAS Bezeichnet den schrägen Fadenlauf, der in einem 45°-Winkel zwischen Längs- und Querfadenlauf liegt. In dieser Richtung ist Webware leicht dehnbar.

FADENLAUF Der Fadenlauf ist die Richtung, in der die Fäden des jeweiligen Stoffes verlaufen. Der *Längs*fadenlauf verläuft parallel zur Webkante, der *Quer*fadenlauf im rechten Winkel zur Webkante und der *schräge* Fadenlauf verläuft in einem 45°-Winkel zwischen Längs- und Querfadenlauf (in dieser Richtung ist Webware leicht dehnbar). Auf allen Schnittteilen befindet sich ein Fadenlaufpfeil, der beim Positionieren der Schnittteile auf dem Stoff helfen soll. Die meisten Schnittteile werden im Längsfadenlauf geschnitten. Positioniere das Schnittteil so, dass der Pfeil parallel zur Webkante liegt. Das ist wichtig, damit der Stoff gerade bleibt und sich Nähte und Säume nicht komisch verdrehen.

RECHTE SEITE Die „richtige" Seite des Stoffs soll nach außen zeigen. Sie ist die schöne Seite. Manchmal ist es schwer zu sagen, welche Seite die richtige ist – dann hast du die Wahl! In Nähanleitungen heißt es oft, dass zwei Stoffstücke rechts auf rechts, also mit den schönen Seiten zueinander, zusammengenäht werden müssen.

LINKE SEITE Die „falsche" Stoffseite zeigt zum Körper. Benötigt ein Kleidungsstück eine Einlage (siehe Vlieseinlagen, Seite 67), wird sie auf der linken Stoffseite angebracht. Auf der linken Seite markiert man auch alle Schnittdetails und Kerben.

BEGRIFFE ZU FUTTER

Kleidungsstücke muss man oft füttern. Welche Futterstoffe sich für dein Projekt eignen, erfährst du auf dem Schnittmusterbogen und im Kapitel Stoffe (Seite 42).

VERSTÜRZEN Dabei werden Jacken, Oberbekleidung und Accessoires so gefüttert, dass das Futter auf der Innenseite locker am Außenmaterial anliegt. Die Futternähte und unversäuberten Kanten sind zwischen dem Futter und dem Oberstoff verborgen und weiteres Zubehörmaterial ist dadurch unsichtbar.

UNTERFÜTTERN Dies ist die Technik, bei der zwei oder mehr Stoffe zu einer Stofflage zusammengefügt werden.

Entweder wird ein weiches Zwischenfutter auf der linken Seite des Außenmaterials festgenäht, das meistens ausschließlich als Kälteschutz dient.

Oder es wird eine Einlage als Zwischenfutter auf der linken Seite des Außenmaterials festgenäht, die der Erhöhung der Formbeständigkeit dient.

BEGRIFFE ZU SCHNITT UND NÄHEN

HEFTEN Das temporäre Zusammennähen zweier Lagen – Stoff auf Stoff, oder Besatz auf Stoff. Heftnähte entfernt man in der Regel wieder. Zum Heften an der Nähmaschine eine große Stichlänge wählen.

EINFASSEN Die Stoffkante eines Kleidungsstücks mit Schrägband versäubern.

RUNDUNGEN EINSCHNEIDEN Bei Rundungen werden die Nahtzugaben eingeschnitten, damit sich die Nahtzugaben flach legen können. Nahtzugaben im rechten Winkel zur Naht etwa alle 1 cm (je nach Rundung) bis knapp vor die Naht einschneiden. Benutze für diese kleinen Knipse nur die Spitze der Schere, damit du die Naht nicht versehentlich durchtrennst.

ABNÄHER Keilförmige Falten, die an einem Punkt zusammenlaufen. Sie bringen den flachen Stoff in eine dreidimensionale Form, sodass er besser an die Körperform angepasst ist. Auf den Schnittteilen sind sie zur Orientierung gut mit Nahtlinien markiert.

SCHMALKANTIG ABSTEPPEN Sichtbare Naht auf der rechten Stoffseite etwa 0,2-0,5 cm von der Kante entfernt. Wird für dekorative Details verwendet sowie für Kanten, an denen der Innenstoff nicht auf die Außenseite rutschen soll.

BELEG Ein kleines Stück Stoff, mit dem Rundungen versäubert werden. Er wird oft für runde Kanten wie Hals- und Armausschnitte oder Krägen verwendet. Dabei wird die Nahtzugabe des Belegs schmalkantig niedergesteppt, damit er sich nicht nach vorne umlegt.

RAFFUNG Eine in weiche Falten gelegte Stoffpartie. Sie sorgt für mehr Volumen und wird oft bei Oberteilen, Kleidern und Röcken verwendet. Zum Raffen eine Heftnaht mit großer Stichlänge über den Stoff nähen. An beiden Seiten ein langes Garnende lassen. Ein Ende festhalten und am anderen Ende an einem Faden ziehen, bis sich der Stoff zusammenzieht.

Los gehts: eins, zwei – Raffen!

KNIPSE Knipse sind Markierungen auf den Schnittteilen, die anzeigen, an welcher Stelle zwei Teile aneinandergelegt werden müssen.

FALTE Eine Falte ist eine Überlappung im Stoff.

NAHTZUGABE Die Nahtzugabe ist der Bereich zwischen Stoffkante und Naht. Normalerweise wird mit einer Nahtzugabe zwischen 0,5-1,5 cm genäht, doch wenn du den Sitz eines Kleidungsstücks korrigieren möchtest, kann die Nahtzugabe auch viel breiter sein.

STÜTZNAHT Diese Naht wird innerhalb der Nahtzugabe angebracht, um ein Ausdehnen der Kante zu verhindern.

STEPPNAHT Die Steppnaht wird 0,5 cm oder mehr von der Kante entfernt angebracht. Sie soll auf der rechten Stoffseite sichtbar sein. Sie dient hauptsächlich dekorativen Zwecken.

ECKEN KAPPEN Kappe die Nahtzugaben an den Ecken, wenn du eine rechtwinkelige Naht hast und das Nähteil nach außen wenden musst. Diese einfach schräg abschneiden, ohne die Nähte zu beschädigen. So wirst du den überschüssigen Stoff in den Ecken los.

UNTERSTEPPEN Bezeichnet eine Form des knappkantigen Absteppens, mit dem Nahtzugaben an Beleg oder Futter genäht werden, damit sie nicht auf der Außenseite hervorblitzen.

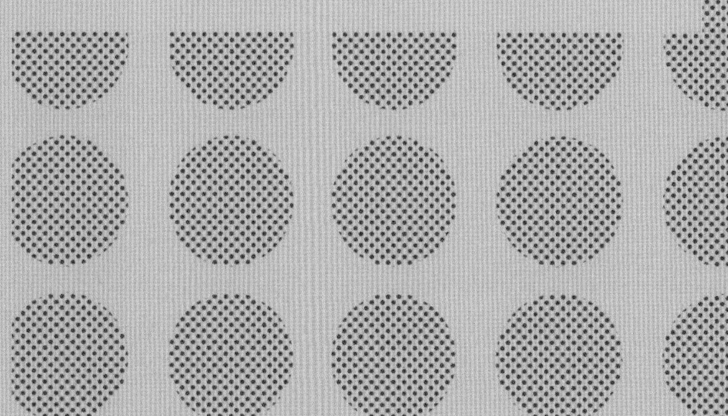

Schnittmuster vorbereiten

Nun kommen wir zur Schnittmuster- und Stoffvorbereitung. Einige wenigen Schritte vor dem Schneiden und Nähen sparen dir auf lange Sicht viel Zeit.

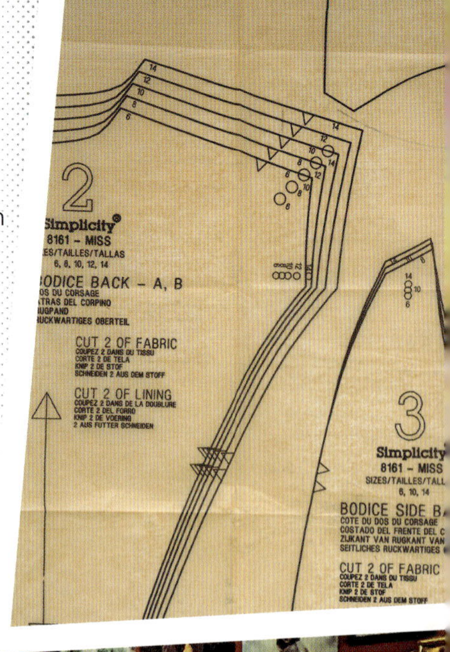

DAS SCHNITTMUSTER VORBEREITEN

Sobald du deine Größe ermittelt hast (siehe Größen, Seite 60), solltest du die passenden Schnittlinien farblich hervorheben, vor allem wenn mehrere Größen aufgedruckt sind. Je nach Projekt möchtest du dem Kleidungsstück vielleicht eine individuellere Passform verleihen. In diesem Fall schneide die größere Größe aus, damit du beim Zusammennähen der Teile den Stoff enger nehmen oder herauslassen kannst.

Schneide mit einer Bastelschere alle Schnittteile aus die du brauchst und achte darauf, dass du den Linien für die gewünschte Größe folgst. Zerknitterte Schnittteile lassen sich vorsichtig mit einem trockenen Bügeleisen bügeln.

Schnitt-Mash-Ups

Eine gängige Technik unter Cosplayern beim Anfertigen eines Outfits ist das Schnitt-Mashing. Dabei werden zwei oder mehr Schnittmuster kombiniert. Ich mache das gerne bei Kleidern oder Superheldenanzügen. Oft verfügt ein Schnitt über das Oberteil, das mir gefällt, hat aber nicht die gewünschten Ärmel. Also durchforste ich meinen Schnittmustervorrat, bis ich die gesuchten Ärmel finde.

Schnitt-Mash-Up in meinem Studio

Um festzustellen, ob sich Teile verschiedener Schnittmuster kombinieren lassen, musst du vor dem Zuschnitt die Nähte „aneinander ausrichten". Lege dafür die Schnittteile übereinander und richten die Nahtlinien aneinander aus. Stecke die beiden Teile zusammen. Beginne dabei in der Mitte einer Naht (Oberteil an Ärmel, Rock an Oberteil usw.).

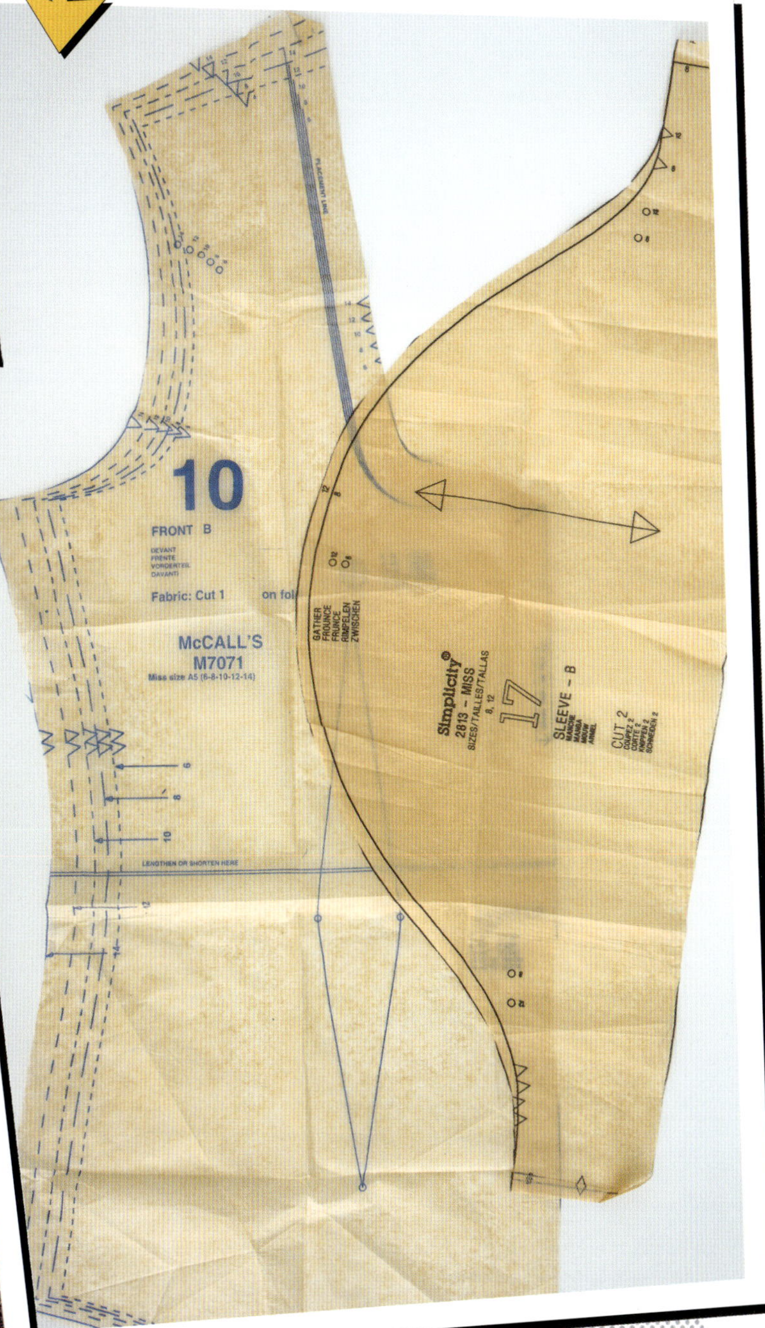

Wenn die Nähte zusammenpassen und die Schnittmuster sich kombinieren lassen, mache weiter und schneiden die Schnittteile zu. Passen die Nähte nicht zusammen, lässt sich der Stoff bei einem der Schnittteile vielleicht etwas raffen oder du baust eine Falte bzw. einen Abnäher ein. Wenn das funktioniert, markiere dies auf dem Schnittteil dementsprechend. Das ist dein Projekt – du kannst tun, was immer du willst!

„Make it work."

– Tim Gunn aus *Project Runway*

Beim Kombinieren von Schnittmustern solltest du außerdem darauf achten, dass alle Schnitte, die du verwenden möchtest, dieselbe Stoffart empfehlen. Du kannst nicht ein Schnittmuster für einen Stretchstoff mit einem Schnittmuster für Webstoffe kombinieren.

Hast du erst einmal Übung im Schnitt-Mashing, kannst du dir besser vorstellen wie z. B. ein Ärmel neben dem vorderen Teil eines Oberteils aussieht. Mashing ist eine tolle Möglichkeit, seine Nähkenntnisse Stück für Stück zu verbessern.

Vergiss nicht die Nahtzugaben hinzuzufügen, wenn du Schnitte überarbeitest.

Mock-Ups aus Musselin

Wenn du möchtest, kannst du jetzt ein Probemodell (Mock-Up) aus Musselin anfertigen, noch bevor du deinen schönen Stoff zuschneidest. Es ist nicht unbedingt notwendig, doch wenn du bestimmte Formen ausprobieren musst, oder der Stoff sehr teuer ist, lohnt es sich.

Es muss nicht das komplette Kleidungsstück sein. Kein perfekter Halsausschnitt und keine Verzierungen. Beim Mock-Up näht man einfach die Basisteile zusammen, wie Vorder- und Rückseite des Oberteils und des Rockes. Dann kannst du entscheiden, ob das Kostüm größer werden soll und du breitere Nahtzugaben brauchst oder du Abnäher oder Raffungen einbauen möchtest.

Mock-Up aus Musselin

Du wirst feststellen, dass du immer stärker vom Schnitt abweichst, je mehr du am Mock-Up änderst. Abnäher, Falten und Raffungen hinzuzufügen ist ok, aber dann muss das Kleidungsstück möglicherweise anders genäht werden. Hier bewegen wir uns bereits in Richtung Schnittkonstruktion, eine ganz eigene Fertigkeit. Wenn du dich dafür interessierest, dann informiere dich darüber. Sieh dir Bücher zum Thema Modedesign oder den YouTube-Kanal eines Modedesigners wie jenen von Nick Verreos an. Nick Verreos war lange Zeit im Team der Castingshow *Project Runway* und in seinen Videos lernt man jede Menge zum Thema Drapieren und Schnittkonstruktion.

Wenn du Änderungen am Mock-Up vornimmst, musst du dann die Musselinteile als Schnittteile verwenden. Trenne die Nähte mit einem Nahttrenner auf, bügle die Mock-Up-Teile und verwende sie als Schnittteile zum Zuschneiden deines Stoffes.

Den Stoff vorbereiten und zuschneiden

Jetzt ist dein Schnittmuster fertig (länger, kürzer, breitere Nahtzugaben, weniger oder mehr Falten und Abnäher, alle Änderungen deutlich markiert). Vor dem Zuschneiden des Stoffes solltest du noch ein paar Maßnahmen ergreifen, um problemlos mit deinem Stoff arbeiten zu können.

Da die meisten Stoffe gefärbt sind (und sie in der Waschmaschine oder auf der Haut abfärben können) und einige einlaufen, ist es ratsam, alle Stoffe, bis auf jene, die nur chemisch gereinigt werden, vorzuwaschen.

Die meisten Stoffe sind maschinenwaschbar, aber prüfe die Materialmischung, um zu bestimmen bei welcher Temperatur gewaschen und getrocknet werden darf. Mehr dazu in Anhang A (Seite 123).

Am besten wasche verschiedene Stoff- und Faserarten separat. Hänge den Stoff zum Trocknen auf oder trockne ihn bei niedriger Temperatur. Zum Glätten den trockenen Stoff bügeln.

Jetzt kannst du die Schnitteile auflegen und mit dem Zuschneiden beginnen.

SCHNITTTEILE AUFLEGEN

In der Schnittanleitung wird angegeben, wie du die Schnittteile am besten auf dem Stoff positionierst. Es werden Optionen für verschiedene Stoffbreiten angeboten, damit du deine Stoffbahn optimal ausnutzen kannst.

In der Regel wird der Stoff rechts auf rechts längs gefaltet, damit du Designelemente (wie Abnäher oder Falten) auf der linken Seite markieren kannst. Achte darauf, dass der auf den Schnittteilen eingezeichnete Fadenlauf parallel zur Webkante liegt. Die *Web*kante ist die maschinell gewebte Stoffkante. Diese Stoffkante wird nicht benutzt. Sie dient nur als Ausgangspunkt zur Bestimmung des Fadenlaufs und Positionierung der Schnittteile.

STOFF ZUSCHNEIDEN UND MARKIEREN

Zum Schneiden **LANGER, GERADER KANTEN** empfiehlt sich ein Rollschneider und eine Universalschneidematte. Nähgewichte oder Stecknadeln verhindern, dass der Stoff beim Zuschneiden verrutscht.

Nähgewichte können vom Sandsack bis zur Katze alles sein! Ich verwende preiswerte Unterlegscheiben aus dem Baumarkt. Sie sind für deinen Nähkorb sehr zu empfehlen.

KLEINERE SCHNITTTEILE steckst du am Stoff fest und schneidest sie mit einer scharfen Schere aus.

Sobald alle Teile zugeschnitten sind, übertrage (kopiere) mit einem Textilmarker oder Schneiderkreide alle Designelemente oder andere Markierungen vom Schnittteil auf die linke Stoffseite. Du kannst die Schnittteile auf dem Stoff fixiert lassen, bis es mit dem Nähen losgeht. Oder du beschriftest sie auf der linken Seite, da ein Schnitt viele verschiedene Teile umfassen kann.

Sehen beide Stoffseiten gleich aus, markiere alle Teile auf der linken Seite mit einem Textilmarker oder Schneiderkreide. So wirst du dich beim Nähen nicht irren!

Schnittteile zusammennähen

Bist du bereit? Dann ran an die Nähmaschine!

Nähe die Teile laut Anleitung Schritt für Schritt zusammen. Einige der Anweisungen sind vielleicht schwer zu verstehen. Nimm dir also Zeit und ärgere dich nicht, wenn etwas nicht gleich klappt. Sieh dir Online-Tutorials auf YouTube oder auf Webseiten von Nähforen wie PatternReview.com an. Hier findest du echte Bewertungen zu Fertigschnitten, sowie Fotos der Kleidungsstücke, die aus dem Schnitt erstellt wurden.

Gewöhne dir an, Nähte gleich nach jedem Nähschritt entweder auseinander oder zu einer Seite zu bügeln. So liegen die Lagen stets sauber und ohne Knubbel aufeinander.

Wenn du mehrere Teile zusammengenäht hast, probiere sie an oder passe sie an deine Körperform an. Für die richtige Passform solltest du dein Kleidungsstück während der Herstellung mehrmals anprobieren. Glaube mir!

Ist das Kleidungsstück fertig und du möchtest den Saum markieren, hole dir Hilfe. Zieh das Kostüm an, steh gerade, Blick nach vorne und lass eine Freundin/einen Freund das erledigen. Freunde sind tolle Nähhelfer!

VERZIERUNGEN

Sobald dein Kostüm fertig genäht ist, die Passform stimmt und du mit dem Look zufrieden bist, ist es Zeit für die Extras. Jetzt geht es ans Aufpeppen deines Cosplays. Ein Kostüm zu verzieren, gehört zu meinen Lieblingstätigkeiten bei der Cosplay-Anfertigung. Mit winzigen Hand- oder Maschinenstickereien kann man seiner Kreativität und Leidenschaft wunderbar Ausdruck verleihen. Cosplays lassen sich auf vielfältige Weise verzieren und es gibt eine unglaubliche Vielfalt an Besätzen, Applikationen, Stickereien, Perlen, Dekornähten und Schmucksteinen. Probiere verschiedene Verzierungen aus und finde deinen ganz persönlichen Stil.

COSPLAYER:
Casey Renee Cosplay
KOSTÜM:
Sakizou Amethyst

Arten von Verzierungen

Praktisch alles kann als Verzierung dienen. Sofern es sich annähen, ankleben, aufbügeln oder einschlagen lässt. Hier kannst du deiner Kreativität freien Lauf lassen. Hab Spaß und probiere alles aus, was dir einfällt. Die Auswahl an Zierrat ist riesig und die Sachen sind teuer. Behalte also deinen finalen Look und dein Budget im Hinterkopf. Und dann raus mit der Heißklebepistole und dem Nähkästchen und ran ans Pimpen deines Cosplays!

BESATZ

Besatz ist ein Überbegriff für diverse Materialien zum Verzieren von Kleidern und Accessoires. Es handelt sich in der Regel um Meterware und umfasst Quasten und Fransen, Schrägband, Borten, Kordeln, Spitzen, Paspeln, Bänder, Zackenlitze, Schmucksteine oder Perlen auf Folie und alle Varianten davon.

Ich persönlich bastle meinen Besatz selbst, etwa aus Webkanten und alten Weihnachtsbändern. Besatz ist in der Regel teuer. Kaufe deshalb zu Beginn lieber nur Musterstücke oder kleine Besatzmengen, die du dann am Kostüm feststeckst oder -heftest. Denn, falls der Look nicht deiner Vorstellung entspricht, hast du kein Geld verschwendet.

Viele Besätze haben eine Kante oder Lippe, an der man sie festnähen kann. Zackenlitze wird einfach in der Mitte angenäht. Kordeln oder Perlen können mit der Legetechnik befestigt werden (Seite 85). Schrägband und andere schmale Besätze werden mit der Nähmaschine über eine unfertige Kante genäht. Viele Nähmaschinen verfügen über spezielle Nähfüße, die das Anbringen von Besätzen erleichtern. Im Internet oder in der Bedienungsanleitung findest du heraus, ob spezielle Nähfüße für deine Nähmaschine verfügbar sind – sie werden dir gefallen!

TIPP
Selbstgemachte Besätze spielen beim Anfertigen eines Kostüms oft eine große Rolle, doch das verschlingt viel Zeit und braucht Übung (YouTube-Videos und diverse Bücher erleichtern den Einstieg). Für deine ersten Projekten empfehle ich dir fertige Besätze.

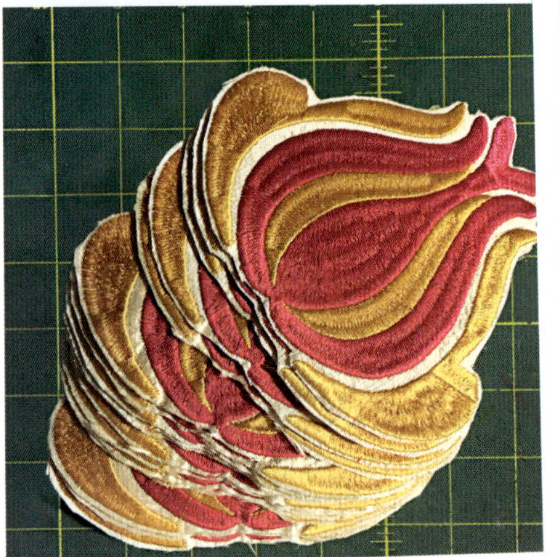

APPLIKATION

Eine Applikation ist eine Form aus Stoff, ähnlich einem Aufnäher, der mit dekorativen Steppnähten oder Maschinenstickerei versehen ist und direkt auf dein Kleidungsstück, Accessoire oder Projekt genäht werden kann. Mit Hand- oder Maschinenstickerei lassen sich eigene Applikationen kreativ gestalten.

TIPP

Stickereien geben deinen Applikationen einen ganz besonderen Look. Für mein Anastasia-Kostüm habe ich Blumenapplikationen angefertigt, sie an den Seiten des Kleides aufgebügelt und dann von Hand rundherum gestickt, um der Kontur mehr Tiefe zu verleihen.

PERLEN

Perlen verleihen jedem Kleidungsstück einen dekorativen Touch. Es gibt sie in verschiedenen Variationen aus Stein, Plastik, Knochen, Muscheln und Perlmutt. Du kannst Perlen sowohl einzeln oder in Gruppen als auch in kunstvollen Mustern anbringen.

Spezielle Perlennadeln sind lang und dünn – schön zu haben, aber nicht unbedingt notwendig, wenn du eine feine Nadel besitzt, die durch die Perle passt. Perlengarn aus Nylon ist so dünn, dass es sich auch für die kleinsten Perlen eignet. Perlen am besten mit Rückstichen fixieren.

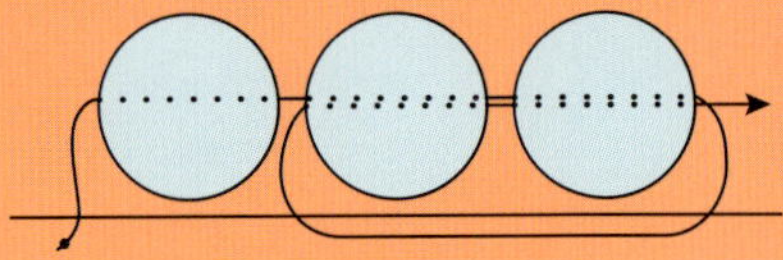

Künstlich gealterte Rüstung von Jedimanda als Wonder Woman

DISTRESSING

Distressing ist eine einfache Methode, um Kostüme alt aussehen zu lassen. Ich benutze zum Altern von Stoffen, Rüstungen, Stiefeln – also wirklich allem – meist Acrylfarbe. Pinselt man Farbe auf und entfernt sie dann mit einem Papiertuch oder den Fingern, bleiben verwischte Ränder. Mit Übung und Geduld kann das Aufmalen von Distressed-Details ein Kleidungsstück richtig cool aussehen lassen.

Du kannst Stoff auch in einem Teesud braun färben. Durch stückweise unterschiedlich langes Tauchen in Textilfarbe zauberst du Farbverläufe auf das Gewebe. Du kannst einen Stoff sogar ansengen, aber sei bitte vorsichtig und probiere es zuerst an einem Stoffrest aus, bevor du deine Stoffbahn oder dein Kleidungsstück in Angriff nimmst.

ZIERNÄHTE

Zu den einfachsten Methoden deinen Stoff zu verzieren, zählt die Verwendung der Nähprogramme deiner Nähmaschine. Die meisten modernen Maschinen verfügen über mehrere Dekorstiche. Sie werden entweder in Reihen oder geraden und geschwungenen Linien genäht und gerne zum Quilten verwendet. Ich habe Zierstiche für mein Doctor Strange Cosplay verwendet und diese Nähte gehören zu den Lieblingsdetails bei diesem Kostüm. Ich habe sowohl automatische Zierstiche als auch parallele Reihen mit Zickzackstichen in mehreren Farben eingesetzt.

Probiere die verschiedenen Muster deiner Nähmaschine auf Stoffresten aus, damit du weißt, was möglich ist und welche Stiche dir am besten gefallen. Versuche Zierstiche übereinander oder parallel zueinander zu sticken. Probiere mehrere Stichlängen mit kürzeren Stichbreiten aus. Du wirst vom kreativen Potential dieser Ziernähte begeistert sein.

STICKEREI

Beim Sticken bringt man mit Garn auf größeren Stoffflächen Ziernähte auf. Es handelt sich um eine Kunstform, die über Tausende von Jahren perfektioniert wurde. Man kann dazu jede Art von Garn verwenden, von Seide bis Baumwolle, und diese erzeugen sehr unterschiedliche Looks. Von Hand zu sticken macht Spaß, ist einfach und kostengünstig. Es gibt jedoch auch spezielle Nähmaschinen und reine Stickmaschinen, die computergestützte Motivstickereien ermöglichen. Aber sie sind ziemlich teuer. Es empfiehlt sich zur Inspiration ein Pinterest- oder Mood-Board mit Bildern oder Mustern von Stickereien und dekorativen Verzierungen zu füllen.

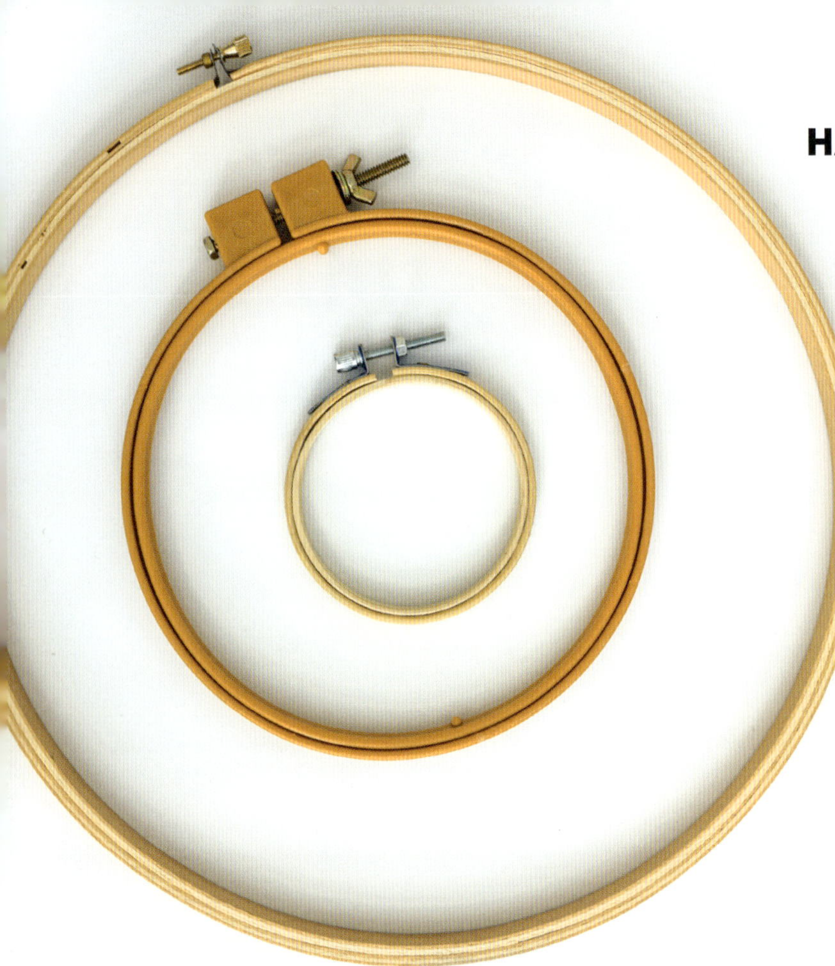

HANDSTICKEREI

Spezielle Nadeln, Garne und anderes Werkzeug erleichtern das Nähen vieler Zierstiche. Mit diesen Stickstichen (siehe nächste Seite) lassen sich tolle Handstickereien anfertigen. Du kannst auch Perlen, Pailletten und Schmuckstücke per Hand auf dein Kleidungsstück sticken.

Stickwerkzeuge

Ein **STICKRAHMEN** hält den Stoff schön straff und verhindert, dass er verrutscht oder sich die Stickerei zusammenzieht. Spanne den Stoff zwischen den zwei Ringen ein und ziehe ihn gut straff. Die Rahmen gibt es aus Metall, Holz oder Plastik und in verschiedenen Größen und Formen.

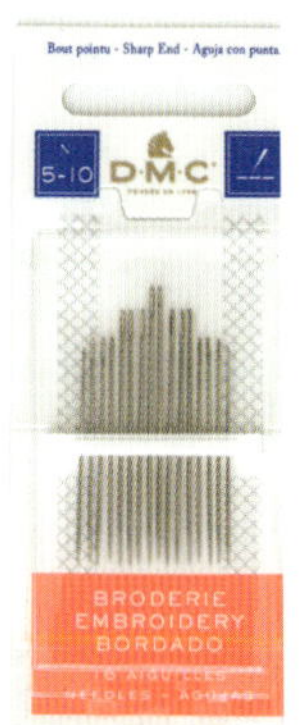

STICKNADELN haben ein großes Nadelöhr (für dickere Fäden oder Mouliné-Garn) und eine spitze Spitze. Sie sind in den Größen 14 bis 28 erhältlich. Je größer die Zahl, desto kleiner die Nadel. Für den Einstieg eignet sich am besten eine Kombipackung.

Die Wahl des **GARNS** ist ein kreatives Abenteuer! Meist verwendet man Sticktwist, der in der Regel aus sechs Fäden besteht. Teile diese optional in zwei Stränge, um feiner damit arbeiten zu können. Andere Stickgarne sind Perlgarn, Tapisseriewolle, Baumwollstickgarn und sogar Metallic- und Dekorgarne, die als Spulen beim normalen Nähgarn zu finden sind.

Mit einer Auswahl an **TEXTILMARKERN**, einer kleinen Schere oder Fadenschere und **GARNWACHS** rundest du dein Handstickset ab.

Handsticksstiche

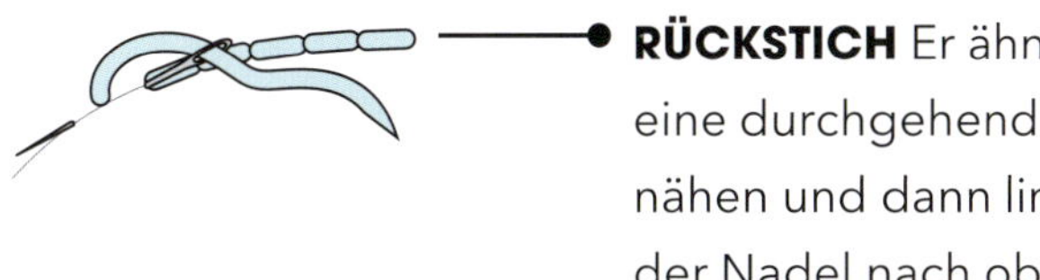

RÜCKSTICH Er ähnelt dem Vorstich (Seite 35) und bildet eine durchgehende Linie. Zuerst einen geraden Stich nähen und dann links davon, eine Stichlänge weiter, mit der Nadel nach oben stechen. Jetzt am Ende des letzten Stiches wieder einstechen.

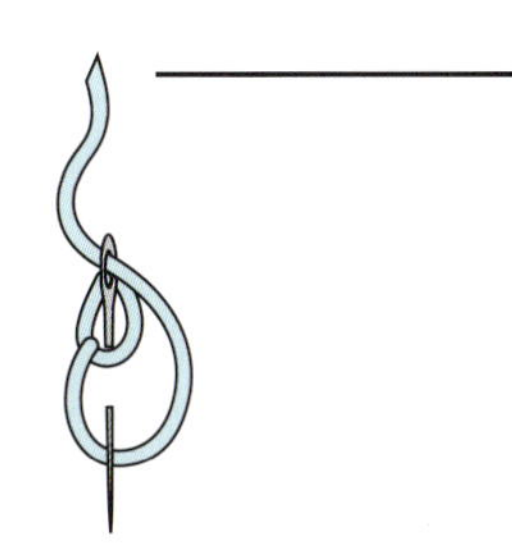

KETTENSTICH Mit einem kleinen geraden Stich beginnen. Nadel und Faden eine Stichlänge entfernt nach oben durch den Stoff stechen. Die Nadel unter dem Faden durch und wieder durch die Einstichstelle nach unten führen. Am Faden anziehen, bis eine lockere Schlaufe entsteht (nicht zu fest). Die Nadel wieder nach oben durch den Stoff und die Schlaufe stechen. Die Naht sollte wie eine Kette aussehen. Diese Schritte wiederholen.

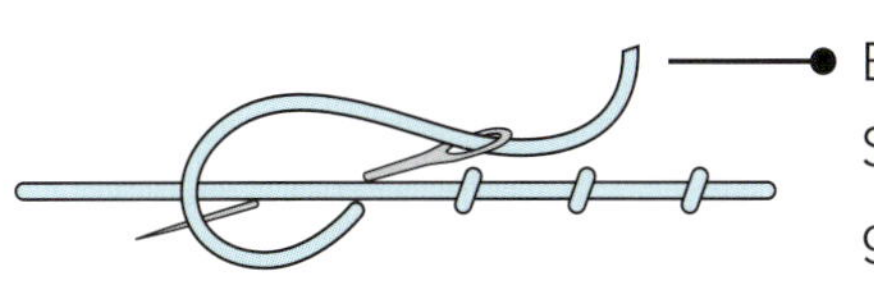

Bei der **LEGETECHNIK** wird ein Faden oder Garn auf die Stoffoberfläche gelegt und mit einem anderen Garn aufgenäht. Nähe einfach kleine, gerade Stiche über das Garn oder den Faden, den du auf dem Stoff befestigen möchtest. Die Stiche sollten dabei gleichmäßig verteilt sein.

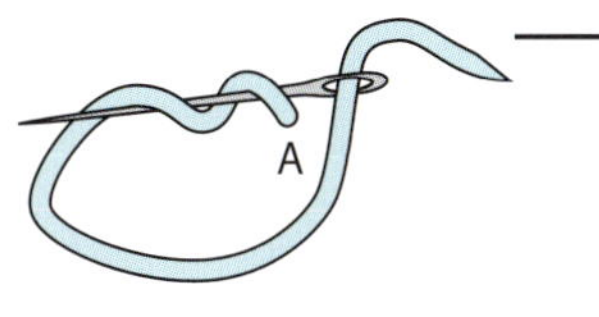

KNÖTCHENSTICH Ein Knötchenstich ist ein Zierstich, bei dem ein kleiner Knoten auf der Stoffoberseite entsteht. Wirklich niedlich! Dazu die Nadel nach oben durch den Stoff führen (A). Während eine Hand die Nadel fixiert, schlingt die andere Hand das Garn um die Nadel. Die Schlingen festhalten, den Faden durchziehen und knapp neben dem Ausstichloch wieder einstechen.

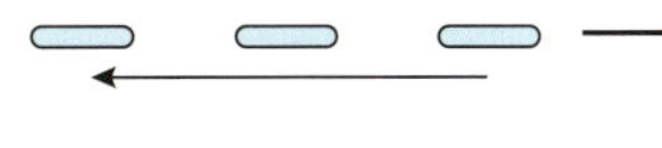

VORSTICH Er besteht aus mehreren gleichmäßig angeordneten geraden Stichen. Hier wird einfach im Wechsel ein- und ausgestochen.

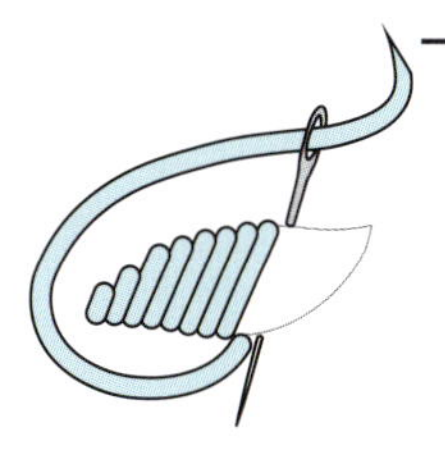

PLATTSTICH Dieser Stich wird gerne zum Füllen von Motiven oder Mustern verwendet. Hier werden dicht nebeneinander parallele, gerade Stiche ausgeführt.

MASCHINEN-STICKEREI

Maschinenstickerei unterscheidet sich von maschinengenähten Ziernähten. Man braucht dazu eine spezielle Näh-/Stickmaschine bzw. eine reine Stickmaschine. Ich bin ein großer Fan, da es viel schneller geht als von Hand und ich etwas Anderes tun kann, während die Maschine das Stickmuster näht.

Auf diesen Geräten sind verschiedene Schrift- und Zahlenarten sowie Applikationsdesigns vorinstalliert. Du wählst lediglich ein Design und stellst die Maschine dementsprechend ein. Wenn du deine eigene Stickerei entwerfen und mit der Maschine sticken möchtest, musst du eine passende Software für deinen Computer kaufen. Mit der Software kannst du eine JPEG-, BITMAP- oder PNG-DATEI in eine Stickdatei konvertieren, die deine Stickmaschine lesen und auf deinen Stoff sticken kann. Ich habe das bei drei meiner bekannteren Cosplays gemacht: Königin Amidala, Doctor Strange und Anastasia. Am besten probiere Modelle von verschiedenen Firmen vor dem Kauf aus – diese Maschinen sind nämlich nicht billig.

COSPLAYER: Jedimanda
KOSTÜM: Doctor Strange aus *Doctor Strange*

SCHMUCKSTEINE

Sie bringen dein Kleidungsstück zum Glänzen und können aufgenäht oder geklebt werden. Es gibt sie in allen Formen, Größen und Farben. Die meisten Steine haben zum Festkleben eine flache Rückseite. Ich empfehle dafür einen Kleber namens Gem-Tac (von Beacon). Er trocknet nicht sofort, sodass man die Steine noch eine Zeit lang bewegen kann (und er ist klartrocknend). Zum Aufkleben gibt es Sets mit passendem Werkzeug: einen Stift mit Bienenwachsspitze, eine Klebstoffspritze mit mehreren Spitzen und Kleber. Gib die Steine auf einen kleinen Teller, dann kannst du sie mit dem Bienenwachsstift aufnehmen und auf den Klebstoffpunkt auf deinem Stoff anbringen.

Es gibt auch Hotfix-Kristalle, die bereits mit Kleber beschichtet sind. Man braucht dafür aber spezielles Werkzeug. Drückt man den Stein mit dem warmen Applikator auf den Stoff, wird der Kleber flüssig und der Kristall bleibt haften. Diese Methode eignet sich besonders gut für dreidimensionale Projekte wie Schuhe, da man die Steine einfach in den Applikator legen und dann an der gewünschten Stelle festdrücken kann.

Schmucksteine gibt es von verschiedenen Marken:

- Hochwertige Kristalle bieten Swarovski und Preciosa (mein Favorit). Sie funkeln am schönsten, sind in diversen Größen (in Millimeter) erhältlich und haben unterschiedliche Glanzeigenschaften. Die AB (Aurora Borealis)-Steine scheinen, je nach Lichteinfall, in verschiedenen Farben zu funkeln. Sie sind teuer, aber günstiger, wenn man sie in großen Mengen kauft. Mehrere Webseiten verkaufen sie en gros. Eine Packung enthält 144 Stück: ein tolles Angebot, wenn man viele Steine braucht.
- In Bastelgeschäften gibt es günstigere Varianten, die nicht so schön funkeln wie Swarovski- und Preciosa-Kristalle, aber sich trotzdem für viele Kostüme eignen.

DER LETZTE SCHLIFF

Glückwunsch! Dein Kostüm ist jetzt fertig genäht und verziert, doch mit ein paar zusätzlichen Handgriffen sieht dein Cosplay noch besser aus.

Ein abschließender Blick

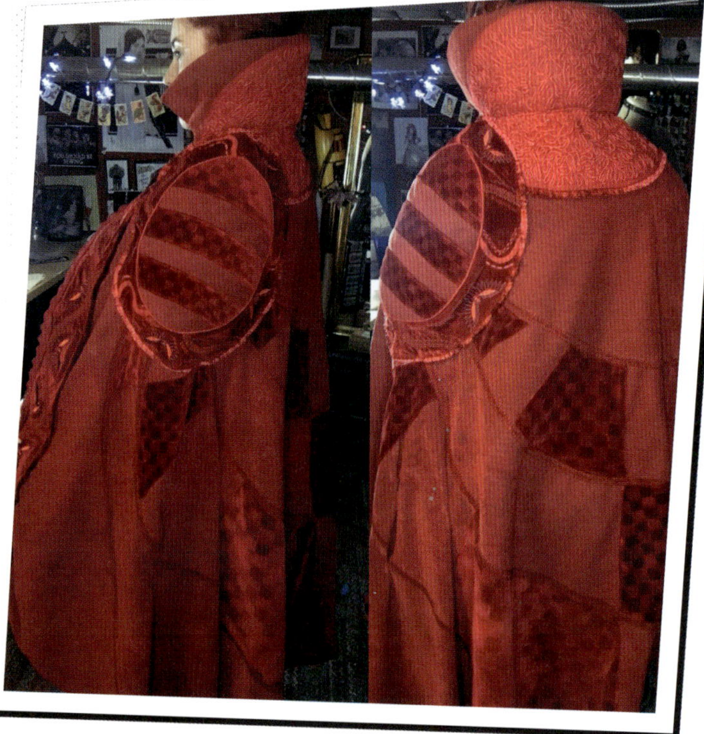

Hänge die Kleidungsstücke auf eine Schneiderpuppe oder einen Kleiderbügel, trete einen Schritt zurück und sieh genau hin. Fehlt etwas? Eine Verzierung? Vielleicht noch ein Gummizug oder ein Gürtel?

Bist du zufrieden, dann nimm eine Schere oder Fadenschere und schneiden alle noch übrigen Fadenenden ab. Es gibt immer welche, die man übersehen hat! Achte auch auf Kleberfäden oder lose Nähte. Jetzt ist der perfekte Moment, um alles in Ordnung zu bringen. Gehe zum Schluss noch mit einer Fusselrolle über das gesamte Kostüm, um Fäden, Fussel oder Tierhaare zu entfernen.

Jetzt noch ein letztes Mal bügeln und dann verstauen.

Bügeln

Bügeln ist der letzte wichtige Schritt. Als Jurorin bei Cosplay-Wettbewerben notiere ich mir Kostüme, die nicht ordentlich gebügelt sind, da sie meiner Meinung nach nicht fertiggestellt sind. Bei Wettbewerben muss dein Cosplay makellos sein und du willst nicht, dass ein zerknittertes Kleidungsstück deine Schlusspräsentation verdirbt.

Ein gutes Bügeleisen hat mehrere Wärmestufen, was wichtig ist, wenn du mit verschiedenen Materialien arbeitest. Das Bügeleisen sollte auch eine Dampffunktion besitzen, um hartnäckige Falten ausbügeln zu können.

COSPLAYERS: Sewcialist Revolution and Evil B Kostüms
KOSTÜMS: Queen Elizabeth II und Prince Philip, Duke of Edinburgh aus *The Crown*

BÜGELN, PRESSEN UND DÄMPFEN

Beim *Bügeln* gleitet das warme Bügeleisen über den Stoff, um Falten zu glätten. Scheue dich nicht, mit Dampf zu arbeiten um dadurch Falten leichter zu entfernen.

Beim *Pressen* drückt man das heiße Bügeleisen auf den Stoff – ohne es zu bewegen – um eine Falte zu glätten. Auch hier hilft ein Dampfstoß, um hartnäckige Falten loszuwerden.

Beim *Dämpfen* verwendet man einen Dampfglätter, der Falten entfernt, ohne dass man das Kleidungsstück auf ein Bügelbrett legen muss.

BÜGELUTENSILIEN

Seine Bügelutensilien gemeinsam an einem Ort verstauen zu können, ist praktisch. Du brauchen ein Bügeleisen, ein Bügelbrett, Wasser zum Dampfbügeln und Bügeltücher. Ein Bügeltuch ist ein mittelgroßes Stück Musselin- oder Baumwollstoff, das du bei empfindlichen Materialien zur Vorsicht zwischen Stoff und Bügeleisen legen kannst. Man weiß nie, ob der Stoff ein wenig schmilzt oder die Hitze die Textur verändert. Probiere es also zuerst mit einem Bügeltuch. Du kannst das Bügeltuch entfernen, wenn keine Spuren zu sehen sind und die Wärmeeinstellung passt.

Auch ein Bügelkissen, ein Ärmelbrett und Bügeleisenreiniger sind nützlich.

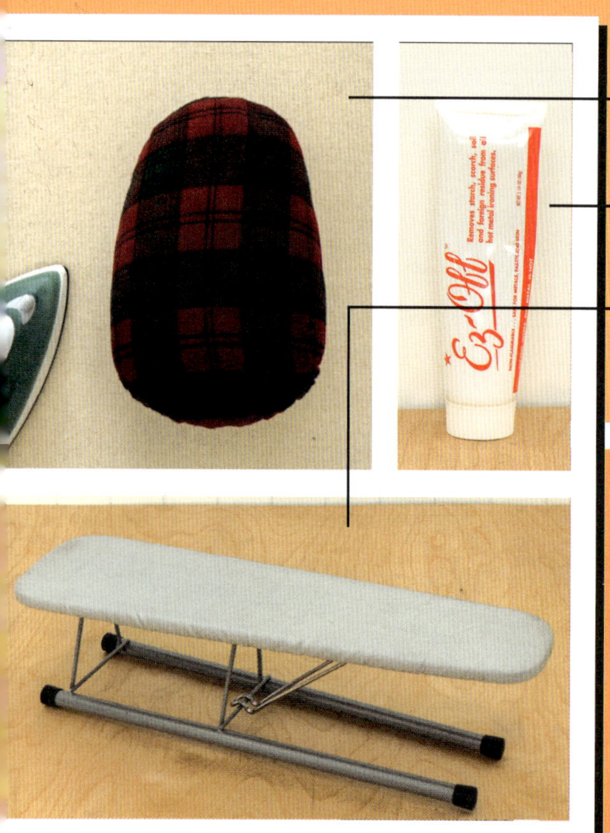

Ein **BÜGELKISSEN** ist ein festes, mit Sägemehl gefülltes Kissen, auf dem sich Rundungen gut bügeln lassen. Das Kissen ahmt verschiedene Körperrundungen nach.

Ein **BÜGELEISENREINIGER** entfernt Rückstände von der Metallsohle des Bügeleisens.

Ein **ÄRMELBRETT** ist ein schmales Brett, mit dem sich Ärmel leichter bügeln lassen.

IST STOFF BRENNBAR?

Ja, Stoff brennt. Doch je nach Materialzusammensetzung brennen Stoffe unterschiedlich. Wie bereits erwähnt, besteht ein Großteil der Stoffe, die Hobbyschneiderinnen zur Verfügung stehen, aus Baumwoll- und Polyesterfasern. Polyester schmilzt und schrumpft. Baumwollstoffe gehen zwar nicht gleich in Flammen auf, doch ist das Bügeleisen zu heiß, kann es auf dem Stoff Brandspuren hinterlassen. Verwende ein Bügeltuch, um das zu verhindern und stelle eine für den Stoff geeignete Wärmestufe ein. Beim Bügeln kann man eigentlich nichts falsch machen, also solltest du deine Kleidung unbedingt bügeln. Nur die Metallsohle nicht berühren, da man sich dort leicht verbrennt.

Verpackung und Lagerung

Eine der häufigsten Fragen lautet, wie ich mit meinen Cosplays verreise. Die Antwort ist: ich versuche, es zu vermeiden. Vor allem, weil ich fürchte, dass mein Gepäck verloren geht und weil meine Kostüme voluminös sind, und ich viele Koffer brauche. Aber es ist möglich! Also keine Angst! Treibe den größten Koffer auf, den du finden kannst. Am besten sind Hartschalenkoffer, auch wenn sie teuer sind. Einiger meiner Cosplay-Freunde reisen mit robusten, verschließbaren Koffern und Aufbewahrungsboxen. Cosplay-Events sind oft nur per Flugzeug zu erreichen. Informiere dich deshalb im Internet oder beim Kundenservice der Fluggesellschaft über Richtlinien für aufgegebenes Großgepäck.

Ich verwende gerne Kleidersäcke zum Lagern meiner Kostüme oder für die Reise. Die meisten meiner Cosplays sind genäht und hängen auf Kleiderbügeln. Accessoires verstaue ich in Taschen, die ich in die Kleidersäcke packe. In Säcken sind die Kostüme vor Staub und Gerüchen geschützt, die am Stoff haften können. Hefte eine Liste mit allem, was du für das Cosplay brauchst, auf die Kleiderhüllen, damit du nichts vergisst. Zuletzt kommen noch ein bis zwei Trocknertücher in die Hülle, damit die Kostüme schön frisch und sauber riechen.

COSPLAYER: Jedimanda
KOSTÜM: Doctor Strange aus *Doctor Strange*

VERREISEN MIT KOSTÜM

Cosplayer reisen mit seltsam geformten Teilen, die beim Sicherheitscheck Aufmerksamkeit erregen können. Lege für den Fall, dass dein Gepäck geöffnet wird, ein Formular bei, in dem steht, dass du ein Kostümkünstler auf dem Weg nach [Reiseziel] bist. Füge ein Kostümfoto und Materialinformationen (Schaumstoff, Metall, Stoff usw.) sowie deine Kontaktdaten hinzu. So weiß das Sicherheitspersonal Bescheid und dein Gepäck wird nicht so leicht für weitere Überprüfungen zurückgehalten. (Kein Spaß!)

Ein Musterformular findest du in Anhang B (Seite 125).

PERÜCKEN UND SCHUHE

Perücken wurden in der Vergangenheit schon immer getragen – als Schutz vor den Elementen, als Statussymbol oder um der neuesten Mode zu folgen.

Und Schuhe – nun, alle lieben tolle Schuhe!

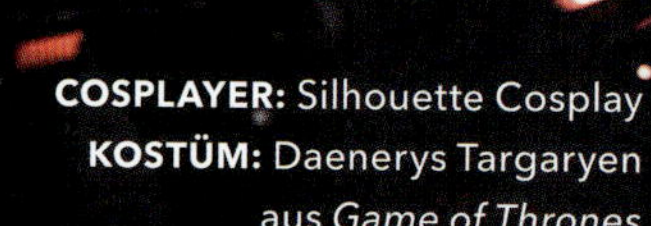

COSPLAYER: Silhouette Cosplay
KOSTÜM: Daenerys Targaryen aus *Game of Thrones*

Perücken

Perücken haben sich zu beliebten Cosplay-Accessoires entwickelt, die manchmal wirklich notwendig sind, um seiner Figur zu ähneln. Es braucht nicht immer eine Perücke und manche halten nichts davon. Aber für mich sind sie ein superlustiges Cosplay-Accessoire.

COSPLAYER: Jedimanda
KOSTÜM: Lydia Deetz aus *Beetlejuice*
PERÜCKE: Synthetische Perücke von Amanda Haas aus Perückenteilen, Schaumstoff und Draht

COSPLAYER: Jedimanda
KOSTÜM: Cersei Lannister aus *Game of Thrones*
PERÜCKE: Hergestellt von der Custom Wig Company aus Echt- und Kunsthaar

COSPLAYER: Jedimanda
KOSTÜM: Prinzessin Leia aus *Star Wars: Episode IV - Eine neue Hoffnung*
PERÜCKE: Kunsthaarperücke aus Haarteilen von Arda Wigs

PERÜCKENFASERN

Unabhängig von ihrer Funktion verwendet man für Perücken drei verschiedene Materialien: tierische, menschliche und synthetische.

Perücken aus Tierhaar

Sie werden in der Regel aus Pferde-, Schaf oder Yakhaar hergestellt. Diese Fasern verleihen einer Perücke mehr Volumen und sind meist teuer. Es gibt nicht viele Cosplay-Perücken aus Tierhaar. Am ehesten sind sie in historisch korrekten Nachbildungen zu finden, die mit historischen Perückentechniken hergestellt wurden.

Perücken aus Kunstfaser

Cosplayer benutzen am häufigsten Kunsthaarperücken. Diese sind günstig und in vielen Ausführungen erhältlich. Die Haare bestehen aus Kunststoff. Du kannst also kein Styling-Werkzeug mit Heizfunktion verwenden, sofern es auf dem Etikett keinen Hinweis auf Hitzebeständigkeit gibt. Bringt man einen heißen Lockenstab in die Nähe der Kunststoffhaare, um sie zu locken, schmelzen und verbrennen die meisten Haare. Hitzebeständige Perücken jedoch, können mit aufheizbaren Werkzeugen gestylt werden. Beachte dies, wenn du deine Perücke mit einem heißen Lockenstab bearbeiten möchtest.

COSPLAYER: Jedimanda
KOSTÜM: Doctor Strange aus *Doctor Strange*
PERÜCKE: Kunsthaarperücke von Arda Wigs mit weißem Haar von Amanda Haas gearbeitet

Wenn deine Kunsthaarperücke nicht hitzebeständig ist, suche nach anderen Styling-Methoden wie z. B. kochendes Wasser oder Dampf. Kunsthaarperücken gibt es als Tressen- oder Lace-Front-Perücken (siehe Perückenarten, Seite 96).

Echthaarperücken

Echthaarperücken gibt es nicht so häufig wie Kunsthaarperücken, da sie teurer sind. Sie werden aus Menschenhaar gemacht, das nicht mit Farbstoffen oder anderen Produkten verunreinigt ist. Die Haare werden dafür auf Tüll geknüpft. Diese Perücken sind individuell gestaltbar und wirken oft wie das natürliche Haar des Trägers oder der Trägerin. Die perfekte Option, wenn du ganz in deine Figur eintauchen möchtest. Eine Echthaarperücke ist eine beträchtliche, aber lohnende Investition.

Weitere Informationen zu individuellen Echthaarperücken findest du in den Quellenangaben (Seite 126).

COSPLAYER: Jedimanda
KOSTÜM: Arielle aus *Die kleine Meerjungfrau*
PERÜCKE: Kunsthaar-Tressenperücke von Gothic Lolita Wigs

PERÜCKENARTEN

Tressen

Eine **TRESSENPERÜCKE** hat auf der Perückenvorderseite ein Band, das in der Regel von einem Pony oder kurzen Haaren bedeckt ist. Sie sind die günstigsten Perücken und bestehen meist aus Tressen (Bändern mit aufgenähten Haaren), die per Hand an der Perücke befestigt werden. Tressen bringen viel Volumen, was diese Perücken oft schwer macht. Man bekommt sie aus Echt-, Tier- und Kunsthaar.

Lace-Front

Eine **LACE-FRONT-PERÜCKE** ist eine Kombination aus Tressen am Hinterkopf und einem (handgeknüpften und -gefärbten) Tüllansatz vom Scheitel bis zur Stirn. Dadurch sieht die Perücke am Haaransatz besonders natürlich aus. Lace-Front-Perücken sind teurer als Tressenperücken, aber bei Cosplayern sehr beliebt. Diese Perücken lassen sich leicht stylen und sind in vielen Farben, Längen und Ausführungen erhältlich. Sie gehören zu meinen Lieblingsperücken, liegen schön unter Kronen oder Kopfbedeckungen und können aus Echt- oder Tierhaar sowie Kunsthaar oder einer Kombination aus Echt- und Kunsthaar bestehen.

COSPLAYER: Jedimanda
KOSTÜM: Jean Grey aus *X-Men*
PERÜCKE: Kunsthaar-Lace-Front-Perücke von WIG is Fashion

Full-Lace

Eine **FULL-LACE-PERÜCKE** wird komplett aus Echthaar und/oder Kunsthaar hergestellt, die per Hand auf ein Tüllnetz geknüpft werden. Manchmal passt man sie sogar an die jeweilige Kopfform und den Haaransatz an, wodurch sie sich leicht stylen und umstylen lässt. Die Technik wird oft für Herrenperücken mit kurzen Haaren oder opulente Perücken genutzt, da sich ein sehr natürlicher Look ergibt. Es ist die teuerste Perückenart, aber wenn du oft in eine deiner Figuren schlüpfst, lohnt es sich womöglich. Full-Lace-Perücken bekommt man nicht so leicht online. Du musst dafür eventuell einen professionellen Perückendesigner und -macher kontaktieren.

COSPLAYER: Jedimanda
KOSTÜM: Prinzessin Anastasia aus *Anastasia*
PERÜCKE: Full-Lace-Perücke aus Echthaar von Custom WIG Company

STYLING-TOOLS

Lange, lockige Perücken kann man aus dem Beutel ziehen, schütteln und sofort tragen. Die meisten anderen jedoch müssen ein wenig gestylt werden und dazu brauchst du ein paar Utensilien.

Je mehr Perücken du stylst, desto mehr Zubehör wirst du ansammeln.

- Gels und Haarsprays (got2b Haarspray und Styling Gel [von Schwarzkopf] mag ich besonders.)
- Kämme, mit groben und feinen Zinken, eine Perückenbürste mit Schlaufen, ein Stielkamm und eine Toupierbürste
- Eine scharfe Schere
- Große Haarnadeln, Haarklemmen, T-Nadeln und Stecknadeln mit gelbem Kopf
- Haarspangen und -bänder, auch Haarklammern, Lockenclips, Zopfhalter und Zopfgummis

Zum Präsentieren und Stylen deiner Perücken brauchst du:

- Perückenständer
- Kopf aus Styropor oder ein mit Segeltuch bezogener Korkkopf
- Lockenwickler, Lockenstab, Haartrockner und Glätteisen
- Dampffön zum Stylen hitzebeständiger Kunsthaarperücken

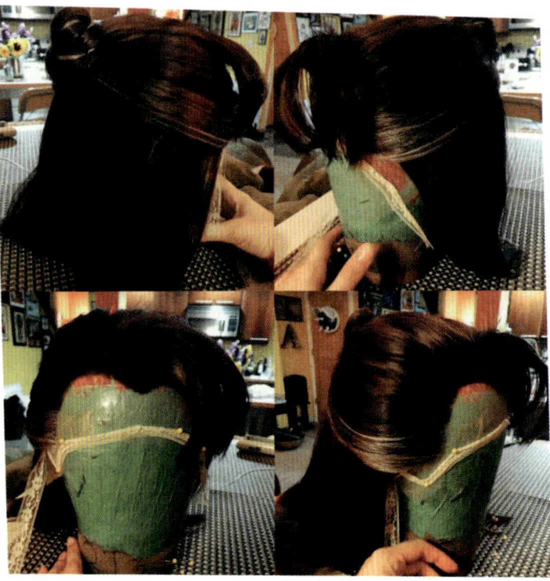

Von Anime bis Fantasy - beliebte Cosplay-Figuren haben teils verrückte Frisuren.

Wenn du nicht weißt, wie du die Haare deiner Figur stylen sollst, such im Internet nach Tutorials. Viele Cosplayer geben Tipps und Tricks zum Perücken-Styling gerne weiter und zeigen, wie sie vorgehen. Experimentiere oder hole dir Hilfe. Perücken können immer neu gestylt werden, außer man schneidet die Haare ab.

Schuhe

Ohne Schuhe ist ein Outfit nicht komplett, oder? Bei einer Convention brauchst du Schuhe für dein Cosplay. Meine Schuhe bekommen manchmal eine neue Farbe aber sonst passiert nicht viel damit. Das hängt natürlich vom Outfit ab. Einige Cosplays brauchen z. B. Schienen für die Schienbeine. Für Captain Marvel habe ich „Stiefelsocken" kreiert, also Schienen, die sich über meinen Fuß legten und an den Beinen befestigt waren. Und für Wonder Woman habe ich Schienen an alte Stiefel geklebt – das hat super funktioniert!

COSPLAYER: Jedimanda
KOSTÜM: Wonder Woman
aus *Wonder Woman*

COSPLAYER: Jedimanda
KOSTÜM: Captain Marvel
aus *Captain Marvel*

FARBEMPFEHLUNGEN

Schuhe lassen sich mit Lederfarbe wunderbar färben. Die Farbe hat elastische Eigenschaften und splittert dadurch nicht so leicht ab. Normale Acrylfarbe reißt beim Strecken und Dehnen und splittert ab. Siehe Quellen (Seite 126).

Ich empfehle Angelus Lederfarben; sie sind zum Färben von Schuhen absolute Spitze und in unzähligen Farben erhältlich! Plaid und DecoArt haben auch Lederfarben zu günstigeren Preisen. Trage bei diesen Farben mehrere Schichten auf, da sie sich mit der Zeit abreiben werden.

SCHUHKAUF

Schuhe aus Second-Hand-Läden eignen sich wunderbar für Cosplays, da du sie wahrscheinlich zurechtschneiden, bemalen oder verzieren wirst. Kaufe nur gut verarbeitete Schuhe. Du willst für einen niedrigen Preis nicht auf Komfort verzichten. Es ist nicht schön, wenn die Füße auf einer Convention schon zu Beginn weh tun. Trägt deine Figur riesige Absätze mit Stacheln und du weißt nicht, wie du darin laufen sollst oder hast Angst, sie könnten unbequem sein, versuche Keilabsätze in derselben Farbe zu bekommen. Sie üben weniger Druck auf Ballen und Ferse aus und das Laufen über längere Zeit ist damit einfacher.

Einkaufsvorschläge findest du in den Quellen (Seite 126).

Manchmal helfen Schuheinlagen, wenn die Füße schmerzen. Probiere Einlagen von Dr. Scholl. Es schadet nicht, ein Paar davon in der Tasche zu haben.

CONVENTION TIME

Cosplayer kommen meistens auf Conventions zusammen. *Conventions* , kurz *Cons* genannt, sind Treffen, die weltweit stattfinden und ein Fandom oder Fandom-Genre zum Thema haben. Die San Diego Comic-Con zum Beispiel, dreht sich hauptsächlich um Comics und PAX East um Videospiele. Doch andere Conventions wie die Star Wars Celebration oder die D23 Expo basieren auf Star Wars- bzw. Disney-Fandoms.

COSPLAYER: Mirror Bright Cosplay
KOSTÜM: McCree aus *Overwatch*

COSPLAYER: Jedimanda
KOSTÜM: Elastigirl
aus *Die Unglaublichen*

FANDOM-ARTEN

Typicsche Fandoms sind:

Comics

Anime

Videospiele

Tabletop-Spiele

Science-Fiction

Fantasy-Literatur

Horrorfilme

Multi-Genre-Cons, die zwei oder mehr Fandoms verknüpfen

COSPLAYER:
Jedimanda
KOSTÜM:
Yang Xiao Long
aus *RWBY*

COSPLAYERS: Jedimanda, Sarah Dempster, LunarLyn
KOSTÜMS: Königin Amidala und ihre Dienerinnen aus *Star Wars: Episode I - Die dunkle Bedrohung*

Wo und wann

Conventions finden das ganze Jahr über statt und werden meist in größeren Städten mit Kongresszentren, die viele Menschen aufnehmen können, abgehalten. Es gibt aber auch kleinere Conventions, die in Hotels, Museen und sogar Schulsporthallen stattfinden. Meine erste Convention war die Derby City Comic Con 2012, eine kleine Comic-Convention, die mein Interesse am Cosplay weckte.

Man muss für eine Convention kein supertolles Cosplay anfertigen, doch nimmt man in seinem Kostüm an einer Con teil, hat man unheimlich viel Spaß. Menschen jeden Alters, aus allen Bereichen und Fandoms sind dort und Cosplay ist eines der Highlights. Die Besucher lassen sich sehr gerne mit ihrer Lieblingsfigur fotografieren und das bist vielleicht du!

Was dich erwartet

Bereite dich auf einen langen Tag vor, besonders, wenn du kostümiert bist.

Trage, wenn möglich, bequeme Schuhe und mache viele Pausen. Auch Esspausen! Es klingt verrückt, aber im Kostüm kommt man leicht den ganzen Tag ohne Essen aus (eine schlechte Angewohnheit), da es angenehm hektisch sein kann. Packe dir Riegel ein oder lege vorab eine Essenszeit fest. Es ist nicht lustig, eine Con mit Kopfschmerzen zu absolvieren, weil du hungrig und dehydriert bist. Für lange Zeiten im Kostüm brauchst du ausreichend Wasser. Flaschen im Cosplay mitzutragen ist knifflig. Deshalb wäre eine Begleitperson, die das Wasser trägt, ideal. Wenn du alleine hingehst oder alle kostümiert sind, ist ein kleiner Zugbeutel oder eine Gürteltasche mit einer Wasserflasche praktisch. Bleibt keine Zeit zum Essen, dann trinke wenigstens. Du kannst deine eigene Gürteltasche nähen (Seite 120), die alles Wichtige für deinen Cosplay-Tag enthält.

Sobald du ein Kostüm trägst, wird jemand dich fotografieren wollen, egal wen du spielst. Kein Scherz. Du kannst über zwei Meter groß sein, auf Stelzen gehen und Flügel haben oder in einem gekauften Kostüm glänzen – jemand wird ein Foto haben wollen. Aber es liegt an dir, ob du fotografiert werden möchtest. Das ist das Erste, was ich neuen Cosplayern vor ihrer ersten Con erkläre. Wenn Fotos für dich in Ordnung sind, werfe dich in Pose und los geht's! Möchtest du lieber nicht fotografiert werden, ist das auch ok. Die meisten werden deinen Wunsch respektieren.

Vermutlich triffst du auch auf sehr aufgeregte Fans, vielleicht sogar auf Super-Fans deines Charakters, für die es spannend und manchmal überwältigend ist, diese Figur im echten Leben zu sehen. Super-Fans können Kinder oder Erwachsene, schüchtern oder sehr gesprächig sein. Meist fragen Fans nach einem Foto, bedanken sich und gehen weiter. Besonders Kinder unterhalten sich gerne oder möchten dich einfach nur ansehen. Das ist oft komisch, gehört aber zum Cosplay dazu. Ich erkläre neuen Cosplayern, dass sie die Magie wahren müssen, besonders wenn sie eine bei Kindern sehr beliebte Figur spielen (wie eine Disney-Prinzessin). Die meisten von uns sind keine Schauspieler. Daher ist es schwer beim Sprechen in der Figur zu bleiben. Kinder wollen meist nur ein Foto und sagen Hallo oder Tschüss. Wünsche ihnen also in bester „Prinzessinnen-Sprache" alles Gute. Die Kinder sind glücklich und du vielleicht auch. Einige Fans haben womöglich eine Behinderung, was die Interaktion mit ihnen schwierig, aber auch bereichernd machen kann. Ist ein Fan zu enthusiastisch, bleibe ruhig, sprich mit ihm und mache ein schnelles Foto. Die Interaktion mit Fans ist für mich auf jeder Con ein Highlight.

Ich, im Gespräch mit jungen Star Wars Fans.

COSPLAY IST KEINE EINLADUNG FÜR ÜBERGRIFFE

Um beim Thema Fan-Fotos zu bleiben: Einverständnis ist beim Cosplay ein wichtiges Wort „Cosplay is not consent" ist eine Bewegung, die Cosplayer und Fans dazu ermutigt, ungebührliches Verhalten und Übergriffe bei Conventions, vor allem gegenüber Cosplayern, aufzuzeigen. Manchmal glaubt ein Fan, dich berühren oder unangebrachte Dinge zu dir sagen zu dürfen, nur weil du als seine Lieblingsfigur verkleidet bist. Dieser Fan hat vielleicht einen starken Bezug zu seinen Lieblingscharakteren, und manchmal verschwimmt diese Linie im echten Leben und in ihren Köpfen. Sie fragen nach einem Foto und berühren dich dabei auf ungebührliche Weise oder belästigen dich aus irgendeinem Grund verbal. Ich finde das schrecklich, aber es kommt vor. Mir ist das schon ein paar Mal passiert, daher ist es wichtig, zu betonen, dass das nicht in Ordnung ist. Nur weil wir wie eine Figur verkleidet sind, heißt das nicht, dass alles erlaubt ist. Auf den meisten Conventions weltweit wird diese Botschaft klar kommuniziert und zwar mit einer Null-Toleranz-Politik. Fühlst du dich belästigt oder siehst, wie jemand belästigt wird, rufe den Sicherheitsdienst und gib ihm Bescheid. Nimm Freunde mit oder bewege dich in der Gruppe. Sei clever und wachsam. Das ist eine unschöne Seite des Cosplay, also müssen wir zusammenhalten und auf alles vorbereitet sein. Cosplay ist keine Einladung für Übergriffe.

TREFFEN ABSEITS DER CONVENTIONS

Treffen abseits der Conventions, an denen großteils Cosplayer und Fotografen teilnehmen, werden immer beliebter. Sie sind keine öffentlichen Events und werden nicht wie normale Cons beworben, finden aber überall statt. Hier trifft man sich ohne den Trubel einer regulären Convention und konzentriert sich auf die Kostüme und Foto-Shootings. Ich mag das, da man dort auch viele neue Leute kennenlernt. Wenn du ein Treffen organisieren möchtest, schnapp dir ein paar Cosplayer und befreundete Fotografen. Lege ein Datum, Uhrzeit und Ort fest (stelle sicher, dass man dort Fotos machen darf) und los geht's!

COSPLAYER: Jedimanda
KOSTÜM: Prinzessin Anastasia aus *Anastasia* im Kentucky Castle fotografiert

COSPLAY WETTBEWERBE

Cosplay-Wettbewerbe eignen sich toll zum Präsentieren deiner Arbeit. Sie sind ein völlig optionaler Aspekt des Cosplay, doch daran teilzunehmen kann sehr bereichernd sein. Cosplay-Wettbewerbe, sowohl Kostüm- als auch Performancewettbewerbe, finden seit Jahren statt!

Best in Show auf der Gen Con 2017

COSPLAYER: Cowbutt Crunchies
KOSTÜM: Helga von *Tree of Savior*, Best in Show and World Winner bei den Crown Championships of Cosplay auf der C2E2 2019

Was ist ein Cosplay-Wettbewerb?

Kurz gesagt, treten bei einem *Cos*play-Wettbewerb Cosplayer in bestimmten Kategorien gegeneinander an, um einen Preis zu gewinnen. Bewertet werden sie oft von Profis. Auf den meisten Conventions ist er das Highlight. Ich war schon vor Hunderten, sogar Tausenden von Menschen Teilnehmerin und auch Jurorin. Convention-Besucher sehen sich Cosplay-Wettbewerbe gerne an. Die Preise reichen von Pokalen über große und kleine Geldbeträge bis hin zu Auszeichnungen. Es ist der ultimative Härtetest, was Kompetenz, Schauspiel und/oder Fertigung angeht.

Ich, beim Wettbewerb auf der D23 Expo 2015

ANMELDUNG UND WETTBEWERBSARTEN

Der erste Schritt zur Teilnahme an einem Cosplay-Wettbewerb ist die Anmeldung. Du solltest über die verschiedenen Wettbewerbsarten Bescheid wissen, bevor du dich anmeldest. Informiere dich online, um zu erfahren, wie der geplante Ablauf ist. Hier eine allgemeine Beschreibung der verschiedenen Cosplay-Wettbewerbe.

Kostüm- oder Performance-Wettbewerbe

Es gibt zwei Hauptkategorien von Cosplay-Wettbewerben: Kostüm- oder Performance-basierte. Je nach Convention werden manchmal beide kombiniert, doch meistens werden sie getrennt abgehalten. Die Kostümwettbewerbe nennt man *Craftsmanship* Competitions und die Performancewettbewerbe *Masquerades*. Bei beiden werden die Cosplays in der Regel nach Charakterähnlichkeit, Verarbeitung, Präsentation und Zuschauerreaktion bewertet. Letztere ist jedoch nicht bei allen Wettbewerben ein Kriterium. Es liegt im Ermessen der Convention-Planer und Juroren, ob noch weitere Anforderungen dazukommen. Doch für gewöhnlich sind bei der Anmeldung alle Kriterien aufgelistet.

- *Ähnlichkeit* bewertet, wie nah die Darstellung an die Original-Figur/das -Design herankommt.
- *Verarbeitung* bezieht sich auf die Qualität des Cosplays.
- *Präsentation* bewertet, wie gut das Cosplay vor den Juroren präsentiert wurde. Hier werden Punkte für die Vollständigkeit vergeben (ob das Kostüm fertiggestellt ist oder nicht).
- *Zuschauerreaktion* bewertet die Bühnenpräsenz und wie das Publikum auf dein Cosplay reagiert.

Diese Kostüm- und Performancewettbewerbe werden in verschiedene Kategorien eingeteilt. Sei kritisch mit dir selbst und melde dich in der passenden Kategorie an. Wenn du bei der Kostümfertigung erfahren bist, aber noch nie an einem Wettbewerb teilgenommen hast, melde dich als „Journeyman" oder „Master" an. Finden die Juroren, dass du in eine höhere Kategorie gehörst, kann ein „Upgrade" erfolgen.

Kostüm- ***und*** **altersabhängige Wettbewerbe** *werden weiter in die Kategorien Kinder, Anfänger, Journeyman und Master eingeteilt.*

- Die Kategorie *Kinder* umfasst normalerweise Kinder bis 12 Jahre, das kann aber je nach Convention variieren. Diese jüngeren Teilnehmer werden in der Regel nicht mit den anderen Teilnehmern bewertet, sondern bekommen eigene Preise und Auszeichnungen.
- Die Kategorie *Anfänger* umfasst jene, die ihr erstes Kostüm angefertigt haben oder zum ersten Mal an einem Wettbewerb teilnehmen. Diese Kategorie ist sehr beliebt und für Einsteiger gedacht.
- Ein *Journeyman* ist wettbewerbserfahren, hat aber noch keine „Best in Show" Auszeichnung. Das ist die Kategorie über den Anfängern.
- *Masters* sind professionelle und erfahrene Cosplayer und Teilnehmer, die bereits Wettbewerbe gewonnen oder vordere Plätze belegt haben.

Genre-/Fandom-basierte Wettbewerbe

Einige Wettbewerbe sind nach Genre oder Fandom unterteilt. Vor allem bei bestimmten Fandom-basierten Conventions wie der Star Wars Celebration, der Gen Con und der D23 Expo. Genre-Kategorien können Anime, TV/Film, Fantasy/Literatur, Videospiele, Comics, originelle Designs und Potluck sein. *Potluck* sind alle Cosplay-Kandidaten, die nicht in die anderen Kategorien passen.

Kostümwettbewerbe

Bei diesen Bewerben treten meist die besten und stärksten Master-Cosplayer an. Gängige Kategorien sind: Näharbeiten, FX(Spezialeffekt)-Makeup, Rüstungsbau und Überlebensgröße. In der Regel gibt es einen Bewerbungsprozess, bei dem die Teilnehmer ausgewählt werden. Verliere nicht den Mut, wenn es nicht sofort klappt. Es ist gut, Ziele zu haben! Ich habe zuerst bei kleineren Cons mitgemacht und mich dann bis zu den internationalen Wettbewerben vorgearbeitet. Sich Ziele zu setzen und darauf hinzuarbeiten macht aus der Teilnahme an einem Wettbewerb eine großartige Leistung.

DAS PRE-JUDGING

Sobald du angemeldet bist, hast du bis zum eigentlichen Wettbewerb wahrscheinlich noch etwas Zeit. Nutze sie zum Fertigstellen und Perfektionieren deines Cosplays.

Der Wettbewerb beginnt damit, dass du vorab vollständig kostümiert die Juroren triffst (das dauert zwischen 5 und 20 Minuten). Hier haben die Juroren Gelegenheit, vor dem Bühnenauftritt mit dir zu plaudern und dein Cosplay zu begutachten. Das ist vielleicht einschüchternd, aber genau jetzt kannst du den Juroren mehr über die Anfertigung deines Kostüms erzählen. Da du weißt, wie viel Zeit du mit den Juroren hast, bereite dich also vor, was du sagen und wie du das tun möchtest.

Nimm zu jedem Wettbewerb *Referenzen oder ein Portfolio mit Inspirationsbildern und Bildern vom Fertigungsprozess* mit, die du herzeigen kannst . Die Juroren müssen wissen, was dich inspiriert hat, damit sie die Ähnlichkeit deines Kostüms beurteilen können. Sei kreativ. Es muss kein ganzes Buch sein oder professionell präsentiert werden, aber es sollte Referenzen zu deiner Figur und zum Kostümfertigungsprozess enthalten.

Gute Juroren sehen, ob dein Cosplay selbst gemacht ist oder nicht. Deshalb sollte dein Portfolio Referenzen zu allen selbst kreierten Teilen enthalten. Ordne die Bilder so an, wie die Juroren sie sehen sollen. So kommst du nicht so leicht durcheinander. Deine *Pre-Judging-Zeit* , die Zeit mit den Juroren, ist wichtig und deine Gelegenheit, dich ins beste Licht zu rücken. Es ist dein Cosplay - sei selbstbewusst und stolz!

DEINE PREJUDGING-ZEIT

- **Sei 10 bis 15 Minuten vor deinem Time-Slot da.**
- **Gehe vor deinem Time-Slot auf die Toilette und nimm dort auch letzte Nachbesserungen vor.**
- **Erfrische dich mit Kaugummi oder Minzbonbons.**
- **Sprich langsam, aber achte auf die Zeit.**
- **Kalkuliere Zeit für Fragen seitens der Juroren ein und vermittle ihnen, dass du dafür offen bist. Je mehr Informationen du gibst, desto eher erinnern sie sich an dich.**

DIE BÜHNENSHOW

Die Bühnenshow ist bei Kostüm- und Performance-Wettbewerben unterschiedlich.

Bei einem Kostümwettbewerb ist sie in der Regel ein *Walk On* . Dabei hast du zwischen 30 und 60 Sekunden Zeit von einer Seite aufzutreten, die Bühne entlangzuschreiten und sie auf der anderen Seite wieder zu verlassen. Meist liest der Sprecher den von dir vorbereiteten Text über das Cosplay vor und vermutlich wird Musik gespielt, während du über die Bühne fegst. Dies ist der beste Zeitpunkt, das Publikum zu beeindrucken. Mache ein paar für die Figur typische Posen und setze deine Kleidung ein, wenn du einen Umhang oder eine Schleppe hast. Wirble nach Herzenslust herum, aber kontrolliert. Benutze deine Requisiten und lächle! Schreie nicht und versuche nicht den Sprecher zu übertönen, es sei denn, es ist Teil deiner Bühnenpräsenz und erlaubt. Hetz dich nicht, aber man verzettelt sich auf der Bühne oft – höre deshalb auf den Sprecher, der dir sagen wird, wann du die Bühne verlassen sollst.

Fotos von The Portrait Dude

Amanda Haas gewinnt den Central Champion Regional Award bei den Crown Championships of Cosplay auf der C2E2 2018

Foto von The Portrait Dude

Bei einem **PERFORMANCE-WETTBEWERB** muss man einen Sketch aufführen. Ich persönlich habe noch nie bei einem Performance-Wettbewerb mitgemacht oder einen Sketch aufgeführt, deshalb kann ich hier nicht viele Tipps geben. Aber ich weiß, dass der Sketch sitzen muss! Je nach Wettbewerb darf man live oder Playback singen, allein oder in der Gruppe tanzen oder selbst ausgedachte Szenen vorführen. Dein Sketch muss vor dem Wettbewerb fertig sein, genau wie die Musik, die du dem Wettbewerbsteam übergibst. Das erfordert viel Übung! Die Performances sind unglaublich. Die Bewerber stecken ihr ganzes Herzblut in die Bühnenshow und dabei zusehen zu dürfen, ist eine Ehre.

Wenn die Bühnenshow beendet ist, wartet man auf das Urteil der Juroren. Das dauert eine Weile, weil diese sich beraten und die Performance aller Cosplayer sorgfältig bewerten. Normalerweise sind im Publikum Plätze für die Teilnehmer reserviert, aber man kann auch hinter der Bühne warten. Das ist nervenaufreibend, aber es ist auch der spannende Teil, auf den alle Kandidaten hin fiebern. Sobald die Juroren ihre Beratungen beendet haben, ruft der Sprecher oder die Juroren die Teilnehmer der Kategorie zurück auf die Bühne, um die Gewinner bekanntzugeben. Das ist wirklich aufregend!

NACH DEM WETTBEWERB

Niemand verliert gerne! Doch diese Wettbewerbe sollen vor allem Spaß machen. Auf der Bühne zu sein, herumzuwirbeln und zu posieren ist Show in ihrer Reinform. Sei ein fairer Konkurrent und kein schlechter Verlierer. Es macht nichts, wenn du in einer Kategorie nicht vorne mitmischen konntest! Es gibt immer einen nächsten Wettbewerb. Gratuliere den Gewinnern und frage nicht nach, warum du nicht gewonnen hast. Akzeptiere die Entscheidung. Es ist es die hier gesammelte Erfahrung, die dich in Zukunft zu einem besseren Bewerber macht, und nicht die Anzahl der Trophäen, die du mitnimmst. Mache weiter und lasse dich von deinen Mitbewerbern inspirieren. Fachsimple hinter der Bühne und lerne von anderen. Als Teilnehmerin mag ich die Zeit hinter der Bühne am liebsten.

COSPLAY FOTOGRAFIE

Cosplay-Fotografie ist eine aufstrebende und schnell wachsende Kunstform. Cosplayer werden schon seit langem fotografiert, aber in den letzten zehn Jahren haben professionelle Fotografen begonnen, ihr Talent der Cosplay-Community zu widmen. Viele haben damit Erfolg und können von der Cosplay-Fotografie leben. Es gibt verschiedene Arten von Cosplay-Fotografen und es ist wichtig zu wissen, dass nicht alle nur dein Bestes im Sinn haben.

COSPLAYER: HDC Fabrication
KOSTÜM: Varian aus Zach Fischer's Project Ebon Blade

Erwartungen

Jeder kann ein Foto machen und auf den Conventions tun das auch viele. Es gibt Fans/Besucher, die mit ihren iPhones bis hin zu DSLR-Kameras Fotos aufnehmen. Manchmal wird man dich auf den Fotos in den sozialen Netzwerken taggen, damit du diese teilen kannst.

Es gibt „Hall-Shot Fotografen", die kommen, um ein bis zwei Fotos von dir zu machen und die dann weiterziehen. Die meisten taggen dich kostenlos in sozialen Medien oder senden dir das Foto per E-Mail, wenn du ihnen deine Kontaktdaten gibst. Einige der Fotografen wollen einfach ihr eigenes Portfolio aufbessern, das heißt, du wirst die Fotos vielleicht nie sehen. Das kommt oft vor.

Fotoshootings

Auch professionelle Fotografen und Videofilmer besuchen die Conventions. Sie sind dort, um Fotoshootings zu buchen und zu organisieren und verdienen ihr Geld mit dem Fotografieren deiner neuesten Cosplay-Kreation. Möchtest du während einer Convention (oder wann auch immer) ein Fotoshooting arrangieren, findest du professionelle Cosplay-Fotografen über soziale Medien, deren Webseiten oder über Cosplay-Kollegen.

Ich weiß, nicht jeder mag Fotoshootings. Sie können befremdlich sein und ehrlich gesagt, haben die meisten von uns keine Ahnung wie man posiert oder was man mit den Händen tut. Doch als Cosplayer haben wir uns dazu entschieden, großartige Kostüme zu kreieren und diese zu tragen. Selbst wenn du nichts online postest, hättest du mit Sicherheit gerne ein Foto von deinem Cosplay.

Außenaufnahme mit Alexandra Lee Studios

Ein Cosplay-Portfolio ist eine tolle Möglichkeit, deine Arbeit sowie deine kreative Entwicklung zu dokumentieren. Du steckst jede Menge Herzblut in deine Cosplays, also warum sie nicht auf Fotos herzeigen? Ein guter Fotograf, der weiß, was er tut, hilft dir, dein Cosplay optimal zu präsentieren. Wenn du professionelle Fotos deiner Arbeit hast, kannst du diese auch online teilen und gleichzeitig dem Fotografen Anerkennung zollen. Tolle Fotos lassen sich wunderbar einsetzen.

Hast du einen Fotografen gefunden, frage nach dem Preis, um festzustellen, ob du dir das Fotoshooting auch leisten kannst. Fotografen und Cosplayer sind Künstler und verdienen für ihre Arbeit entsprechende Bezahlung. Einige Fotografen lassen sich vorab bezahlen, andere haben längere Zahlungsziele. Fotografen bieten auch Einzel- und Gruppenaufnahmen zu verschiedenen Preisen an, und du und der Fotograf solltet euch auf die Anzahl der im Preis enthaltenen finalen Bilder einigen. Vermutlich musst du einen Vertrag unterzeichnen (weitere Informationen zu Fotorechten, siehe Interview mit Alex, Seite 119).

Zudem werden, je nach Fotograf, verschiedene Bearbeitungspakete angeboten. Einige setzen auf möglichst natürliche Fotos, während andere die Bilder umfassender bearbeiten: mit Composite oder Photoshop. Suche nach einem Fotografen, der dich so abbildet, wie du es möchtest. Die Fotos sollen dir ja gefallen! Sieh dir das Portfolio und Online-Fotos von Wettbewerben und anderen Events an, bevor du einen Vertrag unterzeichnest.

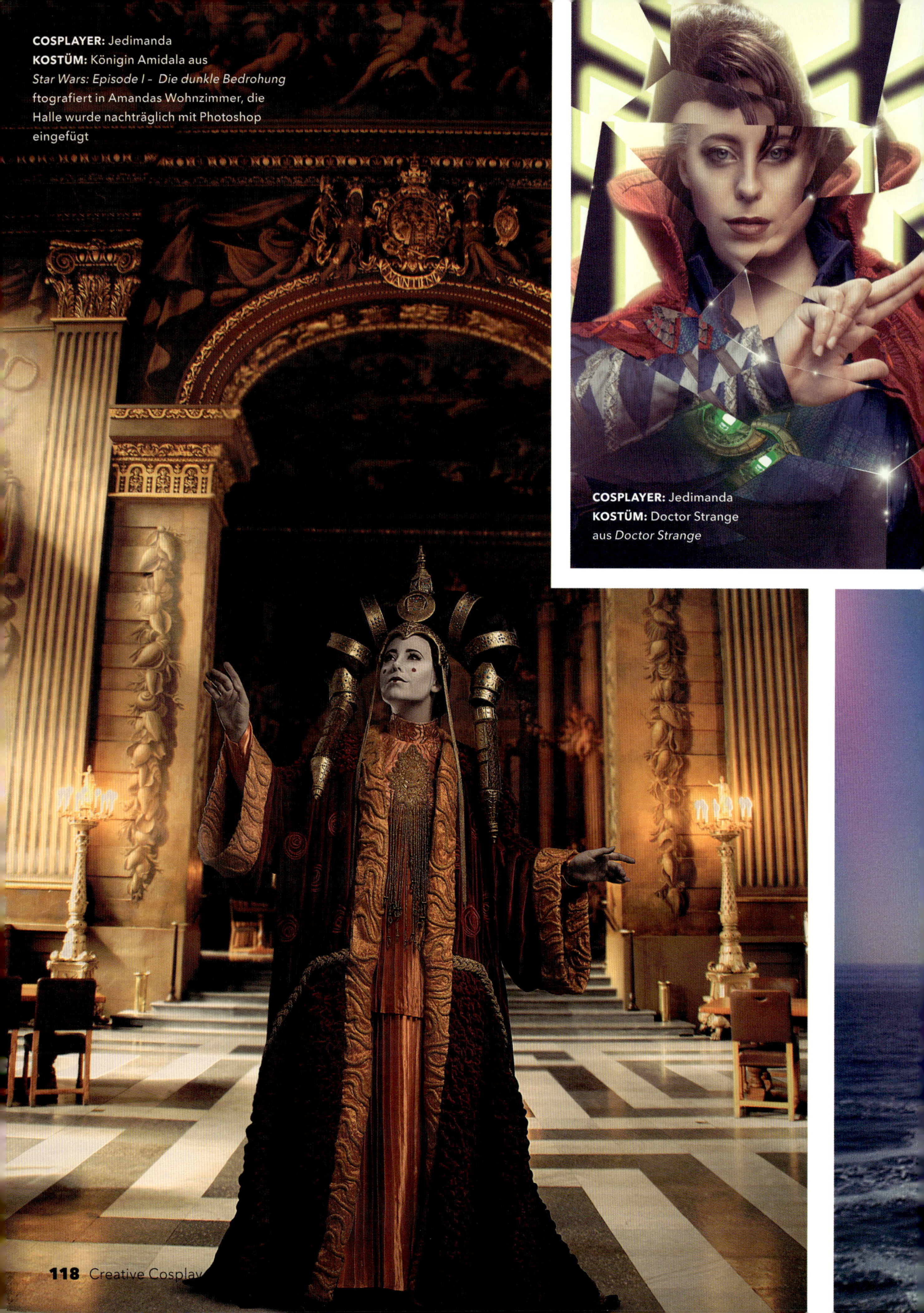

COSPLAYER: Jedimanda
KOSTÜM: Königin Amidala aus *Star Wars: Episode I – Die dunkle Bedrohung* ftografiert in Amandas Wohnzimmer, die Halle wurde nachträglich mit Photoshop eingefügt

COSPLAYER: Jedimanda
KOSTÜM: Doctor Strange aus *Doctor Strange*

COSPLAYER: Malicious Cosplay
KOSTÜM: Seaking-Abwandlung aus *Pokémon*

Ich könnte stundenlang über Fotografie reden, aber ich bin keine Fotografin, vor allem keine Cosplay-Fotografin. Alex Brumley (von den Alexandra Lee Studios) ist eine meiner besten Freundinnen und fotografiert all meine Arbeiten. Sie hat die meisten Fotos in diesem Buch gemacht. Ich dachte, sie könnte hier etwas über die Welt der Cosplay-Fotografie erzählen, damit neue Cosplayer mehr darüber erfahren.

COSPLAYER: Jedimanda
KOSTÜM: Arielle aus *Die kleine Meerjungfrau*

INTERVIEW M MIT DER COSPLAY-FOTOGRAFIN DER ALEXANDRA LEE STUDIOS

Kannst du kurz erläutern, wie du zur Cosplay-Fotografie gekommen bist?

Hallo! Mein Name ist Alexandra Brumley. Man kennt mich in der Cosplay- und Fotografie-Community als Alexandra Lee Studios und ich bin hauptberufliche Cosplay-Fotografin. Ich entdeckte die Cosplay-Fotografie, als ich mich noch auf Werbe- und Modefotografie spezialisiert hatte. Allerdings war ich schon immer ein großer Fan der Popkultur, also zog mich die Cosplay-Fotografie sofort in ihren Bann. Ich mache jetzt seit sechs Jahren Cosplay-Fotos und habe nicht vor, damit aufzuhören.

Du magst Fandoms. Fandest du die Cosplay-Fotografie aufgrund einer bestimmten Fangemeinde anziehend oder wegen der kunstvollen Kostüme?

Ich arbeitete als Modefotografin, weil das Gebiet mir künstlerische Freiheit ließ. Als ich dann die Cosplay-Fotografie entdeckte, stürzte ich mich sofort darauf. Für mich ist Cosplay einfach eine andere Art der Mode – eine nerdige Mode.

Wie hilfst du Cosplayern dabei zu posieren und im Charakter zu bleiben?

Vor dem Shooting recherchiere ich zur Figur und erstelle ein Mood-Board. Wenn das Shooting dann stattfindet, bin ich gut vorbereitet. Eine Sache, die ich meinen Models währenddessen predige, ist „immer der Nase nach": sie sollen dort hinschauen, wo ihre Nase hinzeigt. So sieht das Foto spannender aus, das Weiß der Augen ist weniger sichtbar und sie wirken nicht ängstlich oder unbehaglich. Man soll eine Pose auch nicht zu lange halten. Nach dem Einnehmen der Pose gibt es ein fünf bis zehn Sekunden-Fenster, während dem sie natürlich aussieht. Danach beginnt sie steif zu wirken oder das Model beginnt über seine Pose nachzudenken, was man auf dem Bild vielleicht merkt.

Magst du Studio- oder externe Aufnahmen lieber?

Ich mag beides, aber aus verschiedenen Gründen. Studioaufnahmen sind für große oder schwer zu tragende Kostüme toll, da sich das Model in einer kontrollierbaren Umgebung befindet. Fotografiere ich ein schweres und schweißtreibendes Cosplay, drehe ich die Klimaanlage voll auf und stelle Ventilatoren bereit. Lässt es sich mit einem Kostüm schwer laufen, ist das Studio perfekt, weil ich das Model vor dem Hintergrund positionieren und die Beleuchtung strategisch platzieren kann. Externe Aufnahmen machen genauso viel Spaß, weil sich unterschiedliche Aufnahmen mit mehr Bewegung machen lassen.

Hast du eine Lieblings-Location?

Das ist eine schwierige Frage! Eine meiner Lieblings-Locations war das Mountain Cosplay Retreat oben in Birken, British Columbia. Die Berge und von Gletschern gespeisten Seen sind atemberaubend und ich würde sofort wieder hinfahren.

Wenn das Shooting beendet ist und der Bearbeitungsprozess beginnt, wie sehr optimierst oder bearbeitest du die Fotos?

Ich habe verschiedene Bearbeitungspakete für meine Fotoshootings. Es gibt Shootings, bei denen ich nur die Haut retuschiere und die Bilder farblich bearbeite. Ich habe mich aber auch auf Kompositfotografie spezialisiert, wo ich Bilder bei einer Convention oder im Studio mache, das endgültige Foto aber zeigt, wie das Model mit 16 Armen im Weltraum schwebt und gerade einen Titan erledigt. Im Grunde kommt es darauf an, was der Kunde möchte.

Alex Brumley von den Alexandra Lee Studios

Kannst du uns etwas über Bildrechte erzählen? Was darf man mit den Bildern machen, wenn sie fertig sind?

Jeder Fotograf geht bei Bild- oder Urheberrechten anders vor. Wenn ich den Auslöser meiner Kamera drücke, bin ich alleinige Besitzerin dieses Fotos – egal ob es ein bezahltes Shooting oder ein PFT-Shooting (Photo-for-Time) ist. Ein Fotograf hat nur dann kein Urheberrecht auf ein Bild, wenn es vor der Aufnahme vertraglich festgelegt wurde. Bei mir gibt es nicht viele Regeln dazu, was man mit meinen Bildern machen darf oder nicht. Man kann sie in den sozialen Medien posten, wenn mein Name und der des Models angeführt werden. Visitenkarten und Banner sind auch in Ordnung. Nur wenn ein Kunde meine Bilder verkaufen möchte, müssen wir das besprechen. Ich erlaube es, solange der Kunde für eine Drucklizenz zahlt. Eine Drucklizenz ist ein schriftliches Dokument, in dem steht, dass der Urheberrechtsinhaber dem Kunden erlaubt, das Bild zu verkaufen. Die Bedingungen für Drucklizenzen variieren je nach Fotograf. Lies also unbedingt das Kleingedruckte!

Glaubst du, dass Fotos einem Cosplay-Anfänger helfen können, sich zu verbessern und sich als Cosplayer weiterzuentwickeln?

Ich bin überzeugt, dass es bei der Fotografie Aspekte gibt, die für Cosplayer hilfreich sein können. Beim Fotografieren entwickelt man eine spezielle Art von kreativem Auge bzw. sieht Dinge anders und von einer künstlerischen Seite. Gleichzeitig kann es Cosplayern dabei helfen, sich aus verschiedenen Blickwinkeln zu erleben und Dinge zu verbergen, die auf den Fotos nicht sichtbar sein sollen.

Wie siehst du die zukünftige Entwicklung des Cosplay?

Die Community für Cosplay-Fotografie wächst täglich, da es immer einfacher wird an Kameras zu kommen. Ich bin gespannt, wie sich die Cosplay-Fotografie entwickelt, wenn Fotografen sich mit ihren Motiven weiter steigern. Ich persönlich liebe bei der Cosplay-Fotografie das Bild-Composing und das Einarbeiten von Spezialeffekten. Ich würde in Zukunft gerne 3D-Effekte in meine Arbeiten einbauen.

GÜRTEL-TASCHE SELBST MACHEN

FERTIGE TASCHE: 26 cm breit, 13 cm hoch, 5,5 cm tief

MATERIAL

- 90 cm x 30 cm Stoff für die Außenseite
- 90 cm x 30 cm Stoff für das Futter
- 90 cm x 30 cm Bügelvlies (wenn nötig)
- 1 Reißverschluss, 18 cm lang
- 90 cm Paspelband (optional)
- 28 cm Zierborte (optional)

Zubehör

- Papier für den Schnitt
- Lineal
- Schneiderkreide oder Textilmarker
- Schere oder Rollschneider
- Nähmaschine
- Reißverschlussfuß
- Passendes Nähgarn
- Bügeleisen mit Dampffunktion
- Bügeltuch

Schnittmuster anfertigen

In allen Maßangaben ist 1 cm Nahtzugabe enthalten.

1. Fertige die folgenden Schnittteile an:

Vorder- und Rückseite: Rechteck 28 cm x 15 cm

Seitenstreifen: Rechteck 80 cm x 7,5 cm (oder 40 cm x 7,5 cm für das halbe Schnittteil)

Gürtelschlaufen: Quadrat 7,5 cm x 7,5 cm

2. Markiere die Zipper-Position für die Vorderseite: 4 cm von der oberen langen Kante entfernt mittig eine Linie in der Länge der Reißverschlusszähne einzeichnen.

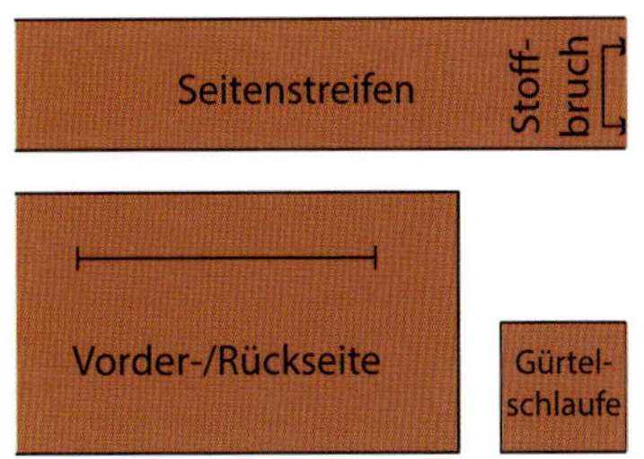

MATERIAL ZUSCHNEIDEN

- Aus dem Taschenstoff 1 Vorderseite, 1 Rückseite, 1 Seitenstreifen und 4 Gürtelschlaufen. (Hast du nur den halben Seitenstreifen gezeichnet, lege das Schnittteil mit einer kurzen Kante an der Stoffbruchkante an.)
- Aus dem Futter 1 Vorderseite, 1 Rückseite und 1 Seitenstreifen.
- Aus dem Vlies (falls verwendet) 1 Vorderseite, 1 Rückseite, 1 Seitenstreifen und 2 Gürtelschlaufen.

Wenn du für die Tasche leichten oder mittelschweren Stoff benutzt, solltest du eine Vlieseinlage verwenden. Ich empfehle eine mittelschwere Bügeleinlage. Das Vlies gibt deiner Tasche langfristig mehr Stabilität und Struktur.

Tasche nähen

Wenn nicht anders angegeben: Nahtzugabe 1 cm.

1. Das Vlies (falls verwendet), nach Anleitung, auf die linke Seite der Vorder- und der Rückseite, des Seitenstreifens und auf zwei Gürtelschlaufen bügeln.

Ich habe alle Stoffkanten mit einer Overlock versäubert, da mein Stoff auszufransen begann, was mich gestört hat. Wenn du die Kanten versäubern möchten, solltest du das jetzt tun.

2. Die Rückseite sowie den Seitenstreifen links auf links auf die entsprechenden Futterteile stecken. Die Lagen mit 0,5 cm Abstand zur Kante aufeinanderheften.

3. 2 Schlaufenteile (1 mit Vlies, falls verwendet) links auf links zusammenstecken und mit 0,5 cm Abstand zur Kante rundherum nähen. Entlang beider Diagonalen durchsteppen (ein X). Kanten 1 cm umschlagen und bügeln. 2 gegenüberliegende Seiten mit 0,5 cm Abstand zur Kante absteppen. Diese Schritte für die andere Gürtelschlaufe wiederholen.

4. Die Reißverschlussmarkierung auf dem Schnittteil einschneiden. Das Schnittteil auf die linke Seite der Vorderseite legen und die Linie auf den Stoff übertragen.

5. 1 Futterrechteck rechts auf rechts unter die Vorderseite legen, feststecken und 0,5 cm von der markierten Linie entfernt den Taschenstoff rund um die Linie auf das Futter steppen.

6. Die markierte Linie bis etwa 1 cm vor die Enden einschneiden. Zu den Ecken hin schräg einschneiden.

7. Futter durch den Einschnitt links auf links wenden. Kanten der Öffnung im Nahtbruch flach bügeln (Bügeltuch!). Dann die Lagen mit 0,5 cm Abstand zur Außenkante aufeinanderheften.

8. Reißverschluss mittig unter die Öffnung legen. Mit einem Reißverschlussfuß die verstürzten Kanten schmalkantig auf das Reißverschlussband steppen. Er sollte sich leicht öffnen und schließen lassen. Bügeln.

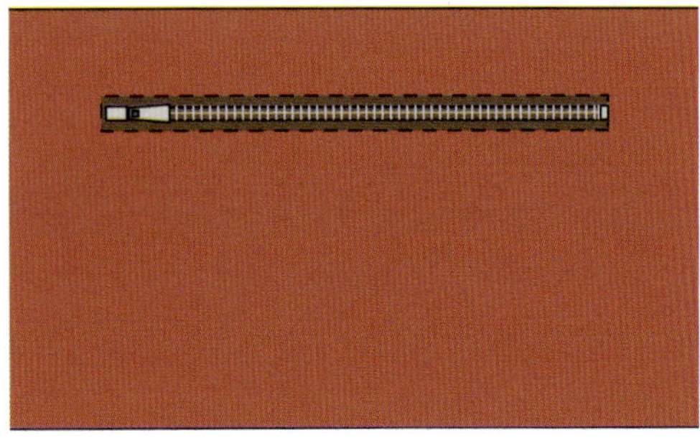

9. Die kurzen Kanten des Seitenstreifens rechts auf rechts zusammennähen, Nahtzugaben auseinanderbügeln.

10. In einer Ecke beginnend, den Streifen mit einer langen Kante rechts auf rechts an die Vorderseite nähen. An den Ecken die Nadel im Stoff lassen, den Nähfuß zum Drehen des Stoffes anheben und den Streifen in der Nahtzugabe quer einschneiden.

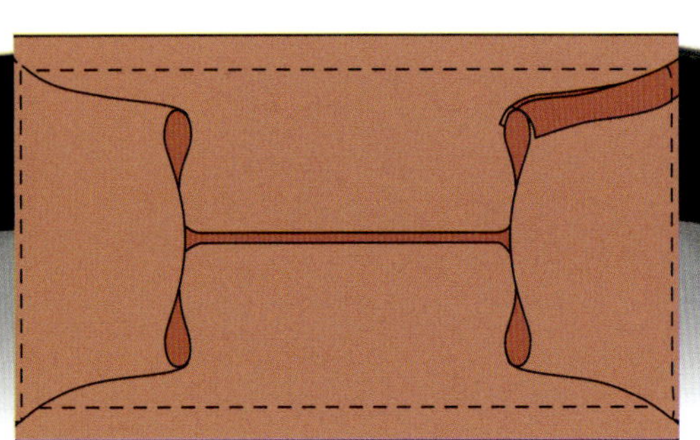

11. Die Schlaufen auf der Rückseite 2,5 cm von der Oberkante und 4 cm von der Seitenkante entfernt positionieren. Oben und unten mit einem Abstand von 0,5 cm zur Kante feststeppen.

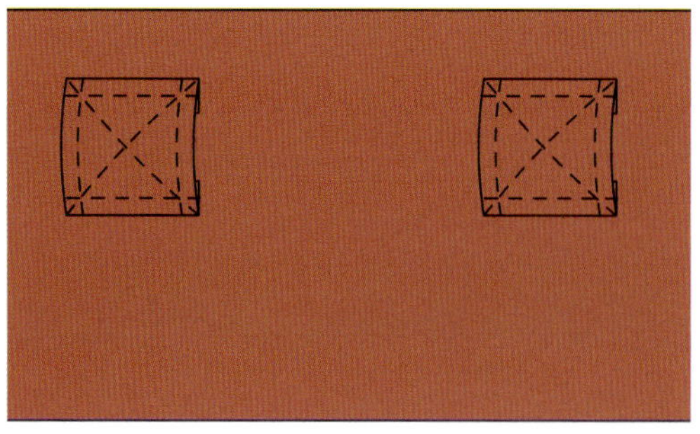

12. Reißverschluss öffnen. Die zweite lange Kante des Seitenstreifens rechts auf rechts an der Rückseite feststecken und -nähen. Die Ecken wie zuvor beschrieben nähen und einschneiden.

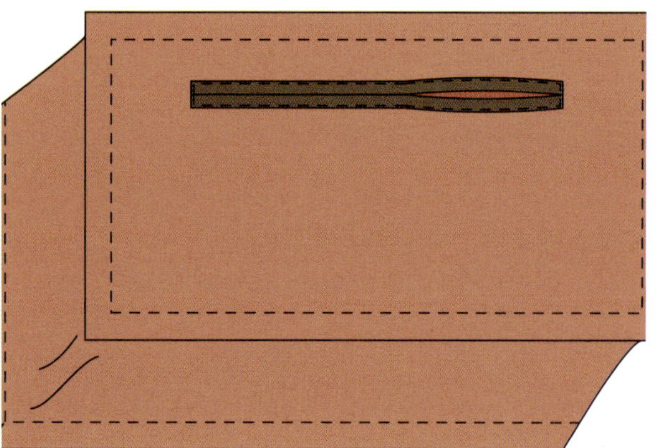

13. Überschüssige Nahtzugabe an den Ecken diagonal abschneiden. Die Tasche durch die Reißverschlussöffnung wenden.

Jetzt kannst du die Tasche am Gürtel jedes beliebigen Cosplays tragen. Viel Spaß!

ANHANG

ANHANG A: STOFFTABELLE

Stoff	**Einsatzmöglichkeiten**	**Vorwäsche**	**Tipps**
Brokat	Ballkleider, Mieder, Jacken, Umhänge, Besatz	**Seide:** Chemisch reinigen **Polyester/Baumwolle:** zum weich machen	Schwerer Brokat eignet sich gut zum Sticken.
Chiffon	Unterröcke, Kleider, Röcke, Blusen	**Seide:** Chemisch reinigen **Polyester/Baumwolle:** Hand- oder punktuelle Wäsche	Unter Spitze sorgt Chiffon für einen luftigen Look.
Dupion	Mieder, Oberteile, Röcke, Ball- und Abendkleider	**Seide:** Chemisch reinigen	Die noppige Struktur bildet einen schönen Kontrast zu glänzenden/glatten Stoffen.
Filz	Accessoires, Rückseitenbeschichtung/Stabilisator	Nein	Gut als „Unterfütterung" für dreidimensionale Stoffkreationen.
Jersey	Kleider, Röcke, Hemden, Hosen (4-Wege-Stretch)	Ja, zum Einlaufen lassen, weich machen und Entfernen von Farbstoffen	In vielen Mustern, Farben und Texturen erhältlich, sowohl 2- als auch 4-Wege-Stretch.
Spitze	Overlays bei Kleidern, Ball- und Abendkleidern, Besätze, Applikationen, Kragen und Manschetten	Nein	Spitze lässt sich für mehrdimensionale und Vintage-Looks färben und über viele Stoffarten legen.
Leder	Jacken, Umhänge, Oberteile, Hosen, Accessoires, Gürtel, Schuhe, Handschuhe	Nein	Beim Nähen von Leder eine Ledernadel verwenden.
Leinen	Hemden, Hosen, Röcke, Kleider, Umhänge, Jacken, Mieder, Unterwäsche, Futter	Ja	Leinen für Unterbekleidung verwenden. Sie absorbiert Feuchtigkeit und hält dich kühl.
Musselin	Hemden, Hosen, Röcke, Kleider, Umhänge, Jacken, Korsetts, Futter	Ja, zum Einlaufen lassen	Musselin zum Drapieren und Ausprobieren von Schnittmustern verwenden. Dann aus denselben Teilen das Futter anfertigen.
Organza	Unterröcke, Kleider, Röcke, Blusen, Accessoires	Nein	Zum Füttern von Röcken und für mehr Fülle statt einem schweren Unterrock verwenden.

Stoff	**Einsatzmöglichkeiten**	**Vorwäsche**	**Tipps**
Patchwork-stoffe	Hemden, Hosen, Röcke, Kleider, Umhänge, Jacken, Mieder, Futter	Ja, zum Einlaufen lassen	Patchworkstoffe sind in verschiedenen Farben und Mustern erhältlich. Als lustigen Futterstoff verwenden.
Satin	Ball- und Abendkleider, Hemden, Hosen, Röcke, Kleider, Umhänge, Jacken, Shorts, Mieder, Futter	Nein	Ein klassischer Stoff für Abendkleidung, aber auch als Basis zum Sticken geeignet. Den Stoff dann zuerst verstärken.
Shantung	Mieder, Ball- und Abendkleider	**Seide:** Chemisch reinigen **Polyester/Baumwolle:** Hand- oder punktuelle Wäsche.	Shantung als Kontraststoff mit Dupion verwenden. Beide sind ähnlich fest und langlebig.
Elasthan	Superheldenanzüge, Hosen, Leggings, enganliegende Oberteile, Handschuhe	Nein, außer zum Entfernen überschüssiger Farbe	Eine Jerseynadel verwenden.
Velours-leder/ Ultrasuede	Jacken, Umhänge, Oberteile, Hosen, Accessoires, Gürtel, Schuhe, Handschuhe	Nein	Veloursleder und Ultrasuede sind sehr strapazierfähig und verlieren ihre Farbe nicht.
Anzugstoff	Anzüge, Hemden, Hosen, Shorts, Jacken, Umhänge	**Polyester/Baumwolle:** Ja	Anzugstoffe fransen stark aus; die Kanten nach dem Zuschneiden rasch versäubern.
Taft	Ball- und Abendkleider, Unterröcke, Röcke, Mieder, Kleider, Accessoires, Besatz	Nein	Stecknadeln beschädigen Taft leicht. Beim Nähen von Taft immer eine frische Nadel verwenden.
Tüll	Unterröcke, Accessoires, Besätze	Nein, außer er muss gereinigt werden	Tüll franst nicht aus; die Schnittkanten sollten geradlinig sein.
Köper/ Canvas	Korsetts, Futter, Unterwäsche, Accessoires	Ja, zum Einlaufen lassen und weich machen	Köperstoffe und Canvas fransen leicht; die Kanten nach dem Schneiden sofort versäubern.
Samt	Oberteile, Mieder, Umhänge, Jacken, Mäntel, Hosen, Hemden, Kragen, Manschetten, Accessoires	Nein	Spezieller Nähfuß erforderlich (Teflon, Rollfuß, Obertransportfuß), um keine Spuren auf dem Stoff zu hinterlassen.
Vinyl	Jacken, Umhänge, Oberteile, Hosen, Accessoires, Gürtel, Schuhe, Handschuhe	Nein	Seidenpapier entlang der Nahtlinie auf das Material legen und darüber nähen, erleichtert den Stofftransport.
Wolle	Mäntel, Jacken, Umhänge, Accessoires, Besätze	Nein	Wolle verschmort leicht; ein Bügeltuch verwenden.

ANHANG B: MUSTERFORMULAR FÜR DAS REISEN MIT KOSTÜM

Hallo! Sie wundern sich wahrscheinlich über die seltsamen Formen in meinem Gepäck. Ich bin professionelle:r Kostümkünstler:in/Cosplayer:in und verreise oft mit meinen Kostümen. Die folgenden Informationen sind bei der Abwicklung der Überprüfung vielleicht hilfreich.

Datum: / /

Name des/der Cosplayer:in: ______________________________

Convention, die besucht wird: ______________________________ in

______________________________ , ______________________________

Telefonnummer bei Fragen: ______________________________

Zustelladresse, bei Verlust oder Fehlleitung des Gepäcks: ______________________________

Hier sind einige Fotos von dem, was Sie sehen:

Bitte seien Sie bei der Handhabung der Kostümteile vorsichtig. Einige sind sehr filigran und müssen behutsam behandelt werden.

Bitte packen Sie die Teile möglichst wieder so ein, wie sie zuvor verstaut waren.

Vielen Dank!

\- ______________________________

COSPLAYER: Jedimanda
KOSTÜM: Königin Amidala aus *Star Wars: Episode I – Die dunkle Bedrohung*

QUELLEN

Fan-Art

deviantart.com • tumblr.com

Komplette Kostüme und Teile für Original-Cosplays

amazon.com • ebay.com • etsy.com • ezcosplay.com
miccostumes.com • procosplay.com • whitesheepleather.com

Stoffe

dharmatrading.com • fabric.com • fabricdepot.com • fabscrap.org
fabricwholesaledirect.com • joann.com • moodfabric.com • spoonflower.com
silkbaron.com • spandexhouse.com • • spandexworld.com

Allgemeines Bastelmaterial

amazon.com • dickblick.com • hobbylobby.com
jerrysartarama.com • michaels.com • walmart.com

Individuelle Perücken

Custom Wig Company customwigcompany.com

Das ist schamlose Eigenwerbung, aber hier arbeite ich tagtäglich. Wir produzieren hochwertige, maßgeschneiderte Perücken für Kunden. Von Santa Claus über Cersei Lannister, eine Hochsteckfrisur aus 1870 bis hin zur klassischen Elvis-Perücke. Wir machen alles. Besuche uns!

Cosplay-Perücken

ardawigs.com • customwigcompany.com • dolluxe.com
epiccosplay.com • posewigs.com • wigisfashion.com

Schuhe

amazon.com • thredup.com

Lederfarben

angelusdirect.com • decoart.com • plaidonline.com

ÜBER DIE AUTORIN

AMANDA HAAS lebt in Louisville, Kentucky und verbringt ihre Freizeit überwiegend mit dem Anfertigen von Cosplays. Sie hat an der University of Louisville Bildende Kunst studiert und ist seit fast einem Jahrzehnt professionelle Schneiderin. Amanda nimmt landesweit sowohl als Bewerberin als auch als Jurorin an Cosplay-Wettbewerben teil. Sie hat viele Cosplay-Wettbewerbe gewonnen und Auszeichnungen erhalten, war auf dem Cover von *Culture* und *Cohaku* sowie im *Star Wars Insider-Magazin* und auf den Webseiten Nerdist, D23, SyFy und marvel.com zu sehen.

Tagsüber arbeitet sie in Vollzeit bei der Custom Wig Company, wo sie Perücken herstellt, und nachts geht sie ihrer Leidenschaft, dem Anfertigen von Kostümen in ihrem Nähloft, nach. Amanda teilt ihr Wissen rund um das Nähen von Kostümen gerne mit Interessierten und möchte Cosplay möglichst vielen Menschen näherbringen. Begleite Amanda bei ihrer Cosplay-Reise in den sozialen Medien und auf ihrer Webseite.

Foto von Alex Brumley, Alexandra Lee Studios

Folge Amanda online und in den sozialen Medien!

WEBSEITE: jedimanda.com

X/TWITTER: @jedimanda

FACEBOOK: /jedimanda

YOUTUBE: /jedimanda

INSTAGRAM: @jedimanda

Besuche die Cosplay-Fotografin Alex Brumley (Alexandra Lee Studios) online!
alexandraleestudios.com

BUCHEMPFEHLUNGEN FÜR DICH

Noch mehr kreative Bücher zum gleichen Thema gesucht?

ISBN 978-3-7358-7117-6

ISBN 978-3-7358-7078-0

ISBN 978-3-7358-7005-6

ISBN 978-3-7358-7724-4835-5

ISBN 978-3-7724-4860-7

ISBN 978-3-7358-7073-5

ISBN 978-3-7358-9101-3

ISBN 978-3-7358-7057-5

ISBN 978-3-7358-7037-7

Noch mehr Kreativ-Bücher findest du auf www.TOPP-kreativ.de

ENTDECKE ...

ISBN 978-3-7358-7011-7

ISBN 978-3-7358-7010-0

ISBN 978-3-7358-7022-3

#TOPPPROJEKT

Die eigene Kreativität zeigen: TOPPprojekt mit anderen Kreativen teilen und Teil der Gemeinschaft werden.

DIY-begeistert und auf Instagram? Dann unbedingt mitmachen! Hier gibt's Tipps und Feedback zu den eigenen Projekten. Außerdem verlosen wir jeden Monat ein Überraschungspaket. Um am Gewinnspiel teilzunehmen, einfach ein Bild vom Kreativ-Projekt aus unseren Büchern mit #TOPPprojekt posten und unserem Account @frechverlag folgen. Mehr Infos auf TOPP-kreativ.de/TOPPprojekt

Webseite

Auf TOPP-kreativ.de gibt es ein riesiges Angebot von über 1.000 Kreativbüchern, Sets und mehr zu entdecken.

Newsletter

Immer als Erstes von unseren Neuheiten und Sonderaktionen erfahren: TOPP-kreativ.de/newsletter

Instagram

@frechverlag

Pinterest

pinterest.com/frechverlag

Facebook

facebook.com/frechverlag

DigiBib

Hier gibt es zusätzlich zu einigen unserer Bücher digitale Extras, wie Video-Tutorials, Plotter-Dateien, Vorlagen, Übungsblätter und vieles mehr. Einfach im Impressum eines TOPP-Buchs nachschauen, ob dort ein Code vorhanden ist, und exklusive Inhalte freischalten. TOPP-kreativ.de/digibib

Youtube

youtube.com/frechverlag

WER WIR SIND, WIE WIR ARBEITEN, WAS WIR LIEBEN ...

Mehr über uns und unsere Arbeit und immer mit den neuesten Informationen versorgt schnell und einfach auf Instagram, Facebook und Pinterest.

Alle News, alle Infos und alle Links findest du auf www.TOPP-kreativ.de